最强大脑训练丛书

丰富的想象

程顺文 编著

郑州大学出版社
郑州

图书在版编目(CIP)数据

丰富的想象 / 程顺文编著 .—郑州：郑州大学出版社, 2016.10
（最强大脑训练）
ISBN 978-7-5645-2960-4

Ⅰ.①丰… Ⅱ.①程… Ⅲ.①智力游戏—少儿读物 Ⅳ.① G898.2

中国版本图书馆 CIP 数据核字 (2016) 第 053953 号

郑州大学出版社出版发行
郑州市大学路40号　　　　　　邮政编码：450052
出版人：张功员　　　　　　　　发行部电话：0371-66658405
全国新华书店经销
北京柯蓝博泰印务有限公司印制
开本：660mm×940mm　1/16
印张：10
字数：117千字
版次：2016 年 10 月第 1 版　　　印次：2016 年 10 月第 1 次印刷

书号：ISBN 978-7-5645-2960-4　　定价：28.00 元
本书如有印装质量问题，请向本社调换

前　言

爱因斯坦说："想象力比知识更重要，因为知识是有限的，而想象力概括着世界上的一切，推动着社会进步，并且是知识进步的源泉。"

我们日常所见到的事物，比如说，家用电器、学习用品、厨房用具……都是人们运用丰富的想象力发明创造出来的。

那么想象力和发明创造究竟有着什么样的关系呢？其实想象力是创造力的先导，有了丰富的想象力，才有可能激发创造力。因此，想象力至关重要。

那么如何才能拥有想象力呢？

想象力并不是与生俱来的，而是可以培养的。尤其是在少年儿童时期，如果家长、老师注意激发孩子的想象力，对孩子的思维和智慧的开拓将是大有裨益的。

想象力是人类文明进步的源泉，有了想象力才能激发创造力，有了创造力才能产生新的发明，新的发明物进而推动人类社会的进步。因此，我们可以看出想象力的重要性：想象力让智慧插上自由的翅膀，想象力带领

人类文明的进步,并且随着人类社会的进步,想象力所发挥的作用和做出的贡献,也越来越被更多的人认可和意识到。

那么如何培养想象力呢?

阅读本书中的一些小故事,想必会对你有所启发。

目 录

第一章　灵感的迸发	1
1. 实验室中走出来的镜子	2
2. 无意间诞生的肥皂	3
3. 冲洗照片出来的人造丝	4
4. 宴会上诞生的催化剂	5
5. 搭错导线的无线电天线	7
6. 从影子中走出来的打字机	9
7. 错被当成苏打块的石英砂	10
8. 被炸飞的围裙	12
9. 掺假的铝合金	13
10. 有趣的"雨伞"	15
11. 人类能够合成染料了	17
12. 从发现到发明	18
13. 人类世界有了冰箱	20
14. 洗衣机上的吸毛器	21
15. "葱管"导尿术	22
16. 显微镜的问世	23
17. 为了弟弟的发明	25
18. 一份孝心，一个发明	26
19. 射电天文学的诞生	28
20. 船长的灭火器	29

21．从监狱里走出来的牙刷 …………………………… 31
22．小东西，大智慧 …………………………………… 32
23．定时的蚊香 ………………………………………… 33

第二章　动物激发的创造力 ……………………………… 35
1．飞机的出现 ………………………………………… 36
2．蜻蜓和直升机 ……………………………………… 37
3．海豚的声呐 ………………………………………… 39
4．变色龙的启迪 ……………………………………… 40
5．野猪的"防毒面具" ……………………………… 41
6．毒蛇的"热眼" …………………………………… 42
7．蛤蟆夯 ……………………………………………… 42
8．"企鹅王"越野汽车 ……………………………… 43
9．太空机器人 ………………………………………… 43
10．能够潜入水下的潜艇 ……………………………… 44
11．夜蛾的绒毛 ………………………………………… 45
12．吃章鱼吃出来的凹形鞋 …………………………… 46
13．产生冷光的"细菌" ……………………………… 47
14．响尾蛇导弹 ………………………………………… 48
15．小老鼠带给人类的人造血 ………………………… 49
16．没有胰腺的狗 ……………………………………… 51
17．吃鱼吃出来的梳子 ………………………………… 52

第三章　好奇心的引领 …………………………………… 54
1．刮胡子的发现 ……………………………………… 55
2．穿错裤子的结果 …………………………………… 56
3．花瓣的启发 ………………………………………… 58
4．可以自己包扎的创可贴 …………………………… 59
5．剪彩的由来 ………………………………………… 61
6．为马儿减轻负担 …………………………………… 63
7．两脚捣水的发现 …………………………………… 65

8. 皮鞋的诞生 …………………………… 67
  9. 人工授粉的秘密 ……………………… 68
  10. 冰天雪地用耳罩 ……………………… 69
  11. 救命的脖颈夹板器 …………………… 71
  12. 体温表的制作 ………………………… 73
  13. 新颖的治疗方法 ……………………… 74
  14. 聆听心脏的声音 ……………………… 75
  15. 不得天花的原因 ……………………… 76
  16. 救命的人造血管 ……………………… 78
  17. 高产量的杂交水稻 …………………… 81
  18. 好吃的臭豆腐 ………………………… 83
  19. 葡萄产地的救星 ……………………… 84
  20. 罐头的发明 …………………………… 86
  21. 可乐瓶和百褶裙 ……………………… 87
  22. 巧克力的制作 ………………………… 88
  23. 口香糖的由来 ………………………… 89
  24. 狒狒的功劳 …………………………… 90

第四章 大自然的启迪……………………………… 91
  1. 看电影的提示 ………………………… 92
  2. 倾斜的宝塔 …………………………… 94
  3. 一盏吊灯的启示 ……………………… 96
  4. 灵巧的双尖绣花针 …………………… 97
  5. 水元素的组成 ………………………… 98
  6. 美丽的七色彩带 ……………………… 99
  7. 长牙齿的邮票 …………………………100
  8. 奇特的 X 射线 …………………………102
  9. 火箭之父的故事 ………………………103
  10. 牛顿的故事 ……………………………105
  11. 旱冰鞋的由来 …………………………105
  12. 磁电感应之父的故事 …………………107

13. 刺绣带来的启发 …………………………………………… 109
14. 人工制造的宝石 …………………………………………… 110
15. 两个铁球得出的结论 ……………………………………… 112
16. 跳动的阳光带来的发明 …………………………………… 114
17. 大陆漂移的学说 …………………………………………… 116
18. 西服的设计 ………………………………………………… 117
19. 女性的最爱——高跟鞋 …………………………………… 120
20. 雨衣的发明 ………………………………………………… 120
21. 海底的水下探索仪 ………………………………………… 122
22. 北斗七星和指南针 ………………………………………… 122
23. 空中的云进行的人工降雨 ………………………………… 123
24. 大水之下的"造纸术" …………………………………… 124
25. 饼干的来历 ………………………………………………… 125
26. "拔苗助长"的化肥 ……………………………………… 127
27. 聪明的阿基米德 …………………………………………… 129
28. 神奇的手电筒 ……………………………………………… 130
29. 扫雷潜艇 …………………………………………………… 132
30. 无线电和月光 ……………………………………………… 133
31. 万有引力常数测定法 ……………………………………… 134

第五章 人类自我的启发………………………………………… 136
1. 自行车是马车的一半 ……………………………………… 137
2. 电风扇与挂钟 ……………………………………………… 139
3. "剩汤"之中的味精 ……………………………………… 140
4. 电炉取代油炉 ……………………………………………… 141
5. 炼丹而发明出来的火药 …………………………………… 143
6. 冷水浇出来的裂纹青瓷 …………………………………… 144
7. 能够飞上天的"船" ……………………………………… 147
8. 青蛙被"电池"电死了 …………………………………… 149
9. 女人的"红绿灯" ………………………………………… 150
10. 快捷方便的方便面 ………………………………………… 151

第一章

灵感的迸发

想象力是一切创造的基础。灵感和想法是一切发明的源泉。

丰富和美好的想象力是不断进步的前提,是达到成功的关键。如果对自己该做什么、想要得到什么都没有一个清晰的想法,你会迷失方向,根本不知道人生的篇章该从何开启。

即使再简单不过的事情,也需要借助想象力的"一臂之力",才能达成目标。就拿日常生活中最简单的例子来说吧,如果缺乏天马行空的"奇思妙想",对生活没有基本的想象力,那么就容易落入平淡甚至平庸,最终可能也不会让你有惊喜。想象力的重要性,由此可见一斑。想象力直接影响出人的想法和创新力,无限的想象让一切变得皆有可能,它能帮助构筑未来,激发无限潜能,使保持源源不断的动力,直到梦想成真。

实验室中走出来的镜子

在一些古装戏中，我们经常可以看到一位位俊俏佳人对镜贴花黄，镜子中呈现的往往是极为清楚的美人妆。其实这是剧组道具工作人员的失误，因为在古时候，人们使用的仅仅是铜镜，银镜，光洁度并不高。像我们如今使用的镜子是在1835年才出现的。

德国的化学家利比格在一次试验结束之后，误将硝酸银和还原剂混合到了一起处理，结果硝酸银与还原剂迅速发生反应。利比格很意外，便取出来观察。后来竟发现里面析出了银。利比格将银取出，放在玻璃台上准备进行进一步的研究，结果，被银附着的那块透明玻璃产生了微妙的变化，竟然可以呈现对面的影像。

对于这一系列的"意外"，利比格也有些应接不暇。

"是什么物质产生了变化呢？"带着不解，利比格取来一些盐类和其他物质，让其与硝酸银反应。最后发现食糖或四水合酒石酸钾钠反应最容易做出镜子。

从此，这样清晰的镜子取代了原来的铜镜。镜子的做法也流传开来。后经过英国的皮尔顿兄弟的改进，利用镀银、镀铜、上漆、干燥一系列的工艺手段，让镜子最终成形，成为如今人们使用的各式各样的镜子。

其实镜子的制作方法简单，准备硝酸银、氨水、氢氧化钠、葡萄糖、酒精、氯化亚锡等原料，按照所需制作镜子的大小比例，添加适当的原料均匀搅拌，待其冷却后即成。

镜子还有一个妙用：如果想让原本狭小的空间给人一种宽敞明亮之感，那么可以在墙壁上安装一面大的镜子。这样就会给人一种感官上的错觉。试试看吧！

2 无意间诞生的肥皂

"清洁了他人，奉献了自己"，这是对肥皂一生最真实的写照。小小的肥皂在洁净人们生活的路上"任重道远"。有了它以后，不仅让贪玩的孩子们可以洗净脏兮兮的小手，还让家庭主妇们不再为衣服上的顽固污渍愁眉不展。

最早的肥皂"出生"在埃及，源于一场意外。

很久以前，古埃及的国王举行生日宴会，命令厨师做一席丰盛的菜肴款待各国前来祝寿的使节。

所有厨师都在紧张地忙碌着。一个年纪较小的厨师由于近日的连续工作，体力不支，依着灶台竟然睡着了。起来时手忙脚乱竟然打翻了练好的羊油，正好洒在烧在外面的柴火上。

"这下可闯了弥天大祸了！"小厨师不停地试着去抓炭火里的羊油，可是于事无补，羊油还是脏了。

被吓坏了的小厨师瘫坐在地上，发现手上除了有灰，有许多白色的东西，便急忙去清洗。

"这次洗手竟然洗得格外干净，应该是羊油的功劳。"小厨师兴奋地去报告了国王这个重大的发现，他非但没有因为打翻了羊油受到惩罚，还得到了国王的嘉赏。

"塞翁失马焉知非福"，原本打翻国王宴席所用的羊油是一件大祸临头的事，但从中"应运而生"的肥皂，不仅救了他一命，还造福了后人。

3 冲洗照片出来的人造丝

蜘蛛可以为自己吐丝制作赖以生存的网，人类可以用人造丝为我们纺织衣物。可能你会认为人造丝的产生是仿照蜘蛛吐丝的原理发明的，其实则不然，人造丝的发现与夏尔多内的一次冲洗照片有着密切的关系。

18世纪30年代，人们确实想根据仿生学的原理，模仿蜘蛛吐的丝来仿造人造丝。法国的科学家卜翁就对此做了专门细致的研究，他用数以万计只蜘蛛吐出的丝，织了一副手套。虽然手套成形了，但是由于蜘蛛丝易断又不耐热，很快就坏掉了。从此，研究如何模仿蜘蛛丝制造人造丝的时代过去了。

直到1884年的一个下午，法国的科学家夏尔多内无意间发现了人造丝的制作方法。

夏尔多内在化学研究之余，非常喜欢摄影，并且喜欢自己冲洗胶卷。一天拍摄好照片之后，他拿着胶卷进入暗室准备冲洗。可是他意外发现照片的底片竟然溶解在混合液中。

"这种混合液是由酒精和乙醚组成的，怎么会这么黏稠呢？能不能用这种物质来做人造丝呢？"一个大胆的想法在夏尔多内

的心中酝酿着。

当时的照片底片的主要成分是硝化纤维，而这种纤维中含有大量的棉花和蚕丝。这就是可以制造出人造丝的原料。

有了头绪的夏尔多内取了一些同样的物质一边轻轻地搅拌，一边细致的观察。待时机成熟时，又将搅拌好的液体抽到针管里，然后轻轻挤针管。

"呲……呲……呲……"，伴随着轻微的声音，一根长长的细丝从针头喷了出来。夏尔多内轻轻地拿起它，拉了一下，没有断。

"轻盈结实，太好了，我终于找到了人造丝的制作方法了！"夏尔多内欣喜若狂的拿着世界上第一根人造丝不禁手舞足蹈起来。

由于原来的硝化纤维存在爆炸的隐患，柴唐纳又进行了多次试验，终于研究出来一种安全的人造丝。

从此人造丝开始普及，成为纺织衣物的首选材质。

宴会上诞生的催化剂

催化剂作为现代化学工业开始的标志，在很多领域都发挥了重要的作用。

"这是上帝赐予我最好、最珍贵的生日礼物！"一百多年前，瑞典著名科学家柏齐利阿斯在生日那天，意外地发现了催化剂。

柏齐利阿斯是一个名副其实的实验狂，只要他进入实验室，就会一连几个小时甚至会十几个小时持续工作，忘记吃饭是时常的事。即使是生日那天，他也没有给自己放假。

"今天早点回来，下午朋友们都来为你庆祝生日，我们在家办一个派对。"早晨柏齐利阿斯出门时妻子嘱咐道。

"谢谢你亲爱的，我会早点会来的。"柏齐利阿斯在妻子的额头上深情的一吻，随之离开了家。

在实验室的时间总是走的特别快，外面的天已经有了一些暮色而柏齐利阿斯却全然不知。

"叮当……叮当……叮当……"墙上的时钟响了五声，就像妻子的叫唤，柏齐利阿斯猛地想起早晨出门时妻子的话。顾不得换下衣服，连手也没来得及洗就飞奔回家了。

"瞧我这记性，怎么把这件事忘到脑后了呢？"柏齐利阿斯一边走一边在心里责备着自己。

在远处看到了自己的家，已经灯火通明，柏齐利阿斯能想象得到里面一定有许多好朋友以及妻子准备的丰盛晚餐。

"今晚会过得非常愉快的。"想到这儿，柏齐利阿斯三步并作两步走，到了家门口，一阵欢声笑语迎面而来。打开门的一瞬间，所有朋友都手举酒杯拥过来，不给柏齐利阿斯"清理"自己的时间，虽然明知道实验后没有洗手，但是面对朋友们的热情，他直接接过酒杯，为表歉意，便一饮而尽。

当他用手擦了擦嘴角之后，便问妻子："怎么倒了杯醋给我喝呀？"

身边的朋友满脸不解，这明明是甘甜的葡萄酒呀！怎么会是酸酸的醋呢？

"还没有从实验室中走出来呢？说什么胡话呢？这是葡萄酒。"妻子无奈说。

"难道是我的幻觉吗？"柏齐利阿斯自言自语道。

随即大家又都倒了一杯葡萄酒，柏齐利阿斯也端起酒杯，这次没有"豪饮"，而是观察自己的杯子。

"怎么会有白金粉末呢？"当柏齐利阿斯发现自己的杯子上沾有少许的白金粉末时，才注意到原来自己的双手均有这样的物质。

"原来如此，原来如此！"柏齐利阿斯高兴地笑起来。面对所有人疑问的眼光他走到妻子面前，说："亲爱的，谢谢你。这是我这辈子最难忘的生日，谢谢上帝送我的这份礼物！"

原来，将甘甜的葡萄酒变成醋酸的正是从实验室沾回家的白金粉末。这种粉末可以使酒中的乙醇与空气中的氧气发生化学反应，生成了醋酸。这种神奇的作用后来被称为"催化作用"，而这种促使化学反应发生的物质被称为"催化剂"。

从此，柏齐利阿斯的名字被载入了化学界的史册。

5 搭错导线的无线电天线

"假如我竭尽毕生的心血为所有人民安装电灯，对于地域广阔的俄国来讲，也只不过能照亮祖国的一角。但是如果我能控制电磁波，那就能飞越全世界，造福全人类了！"这样的豪言壮语出自于俄国的发明家波波夫。

波波夫是一个"酷爱"电的人，一直以来的志向就是将电推广到全国，每当夜幕降临时，让整个俄国万家灯火，一片通明。但是随着赫兹发现电磁波的消息传遍世界，波波夫的理想也发生了转变。

一个午后，波波夫调试实验室中的接收机，当他用电铃检测电波的距离时，发现这时的电波强度是往常的几倍。

"这么奇怪，这是怎么回事呢？"波波夫心里犯着嘀咕，便开始对这个装置进行研究。

"原来是这根导线搭错了地方！"波波夫找到了问题所在，是一根导线搭在了金属检波器上。他走过去将导线拿开，蹊跷的事情又发生了，原本一直在响的电话铃竟突然"哑巴"了。

"这又是怎么回事呢？难道是搭错的导线使信号变强的？"带着疑问，波波夫又重新将导线搭在金属检波器上，结果电话铃又恢复了持续作响。

"一定是这导线的关系了。"连续几次的实验让波波夫坚定了自己的想法，当导线搭在金属检波器上时，电话的信号就会变强，并且传播得更远。

波波夫无意中制作了世界上第一根无线电天线。

1894年，波波夫借鉴了法国的布兰利以及美国的李奇等科学家的发明结果，总结经验，在此基础上，波波夫又发明了以电报机代替电铃作为接收的终端，世界上第一台无线电发报机在波波夫的实验室中诞生了。

无论在民事还是军事上，无线电天线在接收信号的过程中发挥了不可替代的作用。随着时代的发展，无线电天线也得到改进和发展，其作用是不容小视的。

从影子中走出来的打字机

有一种灵感来源于对爱人的爱,正如打字机的发明——G.L.肖尔斯就是看到了灯光下辛苦工作的妻子,心生爱怜,正是这种爱的力量,打开了他的创作灵感的大门。

一百多年以前,肖尔斯在一家机械厂工作。过于繁重的工作,让肖尔斯每天回到家后都筋疲力尽,倒在床上直接就进入了梦乡。

这一天,他从工厂回到家,没吃饭便早早睡下了。午夜醒来发现妻子还在伏案工作。灯光下妻子辛苦地写算着,他似乎看到了年轻的妻子头上有了一丝白发,十分心疼。

看着妻子伏案时的影子,脑海中理想的打字机形态就产生了:影子的头部当作写字键,弯曲的背当作字臂。

"真是太棒了!"肖尔斯沉醉于自己的发现,忘记了已是深夜。妻子被他的叫声吓了一跳。在听了肖尔斯的解释之后,妻子疲倦的脸上,露出了欣慰的微笑。

从第二天开始,肖尔斯就潜心研究发明打字机。四年的时间过去了,终于在1867年的一天,肖尔斯成功地将第一台打字机带到了妻子面前。

"这是受到你影子的启发才发明的打字机,谢谢你亲爱的。"肖尔斯几乎含着泪对妻子说。

打字机的问世给文字工作者带来了不少便利,肖尔斯与妻子真挚的感情也随着打字机的普及被每个人所赞美。

错被当成苏打块的石英砂

如今,越来越多的建筑大楼采用落地窗的设计理念,凸显高雅的同时,更给人一种宽阔明亮之感,这就要得益于玻璃的帮忙了。

玻璃产生于几百年前,是镜子出现的一个重要"载体"。虽都是产生于"意外",但是与镜子不同的是,玻璃不是"出生"在实验室中,而是在一片沙滩上。

几百年前,腓尼基人善于经商,很多船队在海洋上漂泊,寻找适合自己"歇脚"的海岸。有一艘商船,在前往预定的目的地时,突然遇到了强风暴雨,幸好在附近发现一个港湾,船长便下令驶入港湾,等风平浪静后再起航。

可能是与风浪搏斗的原因,还没有到中午,大家都喊着饿了,便下船去岸上吃饭。发现在这个不毛之地,连一块石头都没有,根本没有办法架起锅,这让所有人都很沮丧。

"用苏打块吧!船上还有一些,或许可以支撑起来。"一个聪明的船员提议说。

大家跑到船上拿来一些苏打块架起锅,又将事先准备好的干柴点着,开始生火做饭。这些苏打确实解了船员们的燃眉之急,酒足饭饱后的船员们决定晚上在沙滩上过夜。

太阳从地平线上渐渐地探出脑袋,赶走了黎明的冷清。船员们也起床收拾好物品准备扬帆起航。

在收拾餐具时,一个船员意外的发现燃烧殆尽的灰烬当中有一些晶莹剔透的东西在闪闪发光。

"大家快来看,这是什么?"

"是白色的金子吗?"其中一个船员拾起一块说。

"不像,好像是石块。"另一个年老一些的船员嘻嘻的端详着手中晶莹的物体。

"不管是什么，我们带走几块，这个小东西蛮好看的。"

大家议论纷纷，几个船员随手拿了几块，便匆匆地回到商船。

做完一笔生意的腓尼基人回到了自己的国家，一次在酒吧喝酒，其中一个人拿出了亮晶晶的石块当众炫耀，并讲述了当日在沙滩上的事情。

说者无意，听者有心。这件事被一个有头脑的商人听到，敏锐的商业触觉让他觉得这是一次难得的商机，于是他找到船员，出高价购买了他手中的苏打和那块亮晶晶的东西，开始琢磨其中的奥妙。结合那个船员讲述的情况，商人进行了"情景再现"。后来发现，原来，腓尼基人休息了一夜的沙滩上有许多的石英砂，在他们用苏打架锅生火时，产生的高温让苏打与石英砂发生了化学反应，反应的产物就是第二天船员们发现的亮晶晶的物体——我们现在使用的玻璃。

这位商人利用自己对新生事物敏锐的洞察力，促使了一个新兴行业的产生——玻璃制造业。不仅为自己创造了源源不断的财富，更为人们的生活增添了美丽的色彩。

8 被炸飞的围裙

炸药，是一种具有很强杀伤力的军事武器，广泛用于大范围的陆上战争中。这样"叱咤风云"的"军事干将"，竟然是在厨房中产生的。

这是怎么回事呢？

炸药的发明者舍恩贝恩教授是一个热爱化学研究的"工作狂"，每当进行一项研究或者实验的时候，都有一种"不达目的不罢休"的韧劲，经常将实验室"搬"回家来，不时也会把家里搞得乌烟瘴气，经常让妻子既气愤又无奈。

一个星期天的早晨，妻子加班先离开了家。舍恩贝恩教授像偷到了糖果的孩子一样开心，因为他可以趁妻子不在，继续昨天没有完成的实验了。

妻子走后不久，舍恩贝恩教授便将"阵地"转向了厨房。之所以选择厨房，是因为怕把客厅弄脏，妻子回来会大发雷霆，并且厨房里还有水管和灶台等实验时会用到的器具。

实验的前半部分进行得很顺利，但是，当舍恩贝恩转身去开水龙头的时候，竟然将装有浓硫酸和浓硝酸的瓶子打翻了。两种液体像异名磁极一样"相互吸引"，混合在了一起，弄脏了灶台。

舍恩贝恩见此，马上拿起墙上挂着的棉布围裙，试着擦干。当擦到了酒精灯附近时，伴随着"叭"的一声巨响，一道闪电似的东西擦过围裙，随之围裙便不翼而飞了。

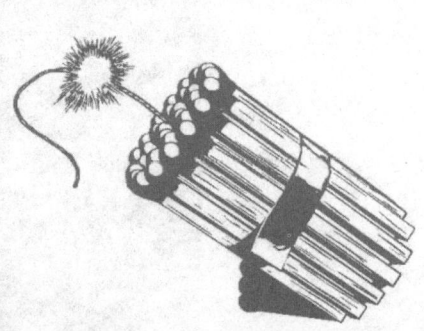

对于"身经百战"舍恩贝恩来讲，这个意外状况，不但没有吓到他，反而刺激了他

的灵感。

"这个围裙怎么会爆炸呢？难道是围裙中含有什么物质与浓硫酸和浓硝酸的混合液发生了反应？"带着自己的猜想，舍恩贝恩反复做了几次试验，最终发现了硝酸纤维素。

硝酸纤维素是围裙中的天然纤维素和硝酸起了化学反应后的产物，是一种叫硝化棉的爆炸物，也就是后来我们所说的炸药。

炸药的产生有些戏剧性，但是戏剧性的背后却隐藏着科学家细心地研究与大胆的试验。每个人都有做科学家的潜质，只是有时候我们忽略一些可能成为一项伟大的发明的细节。

9 掺假的铝合金

正如"时势造英雄"，在第一次世界大战中，为了"迎合"战争的需要，战斗机、坦克等新式军事作战工具出现。有需求就会有市场，就像在需要一种既轻盈又坚硬的金属制造飞艇时，铝合金就应运而生了。

铝合金的出现及应用并没有像其他发明一样，一经问世就众人皆知，而是当其应用在战争的飞艇上后，才让世人"如梦初醒"般了解了这种金属。

第一次世界大战的战火在法国、德国等国家蔓延。

一日，正在执勤的法国士兵突然发现不远处的天空中出现了不明飞行物，并且越来越近。不禁大呼："快，快看，这是什么东西？"

被叫声吸引过来的士兵们都在看这个长得像鱼一样的飞行物，看着它慢慢地飘过来。

"赶快躲开，隐蔽！那是飞艇。"一位恰好从军帐中走出来的军事武器技师大喊。

话音还没有落定，一颗颗炸弹就从飞艇上掉下来。不远处的法国军队听到了爆炸声，立刻察觉到了上空的飞艇，马上命令炮兵射击，经过一阵猛烈地轰炸，飞艇终于"身负重伤"，旋转着从空中坠落下来。令人费解的是，飞艇被击落在地，竟然没有爆炸！

"这是什么材料制作的？几十下的炮击才打下来。"那个技师带着不解走进了飞艇的残骸。

"奇怪，好像大部分的炮弹都没有打中它。"这更令技师费解了。

这位技师带着部分飞艇的残骸来到军事研究所做进一步的研究。经过了几个月的研究，法国的专家才初步确定，这只被击落的飞艇，用的是被发明不久的铝合金。从此，铝合金以其轻盈坚韧的特点，成为军事、工业以及民用等领域的首选建筑金属。

铝合金究竟是谁发明的呢？

当德国军队发现用钢铁制作的武器极其笨重的弊端时，便请当时有名的科学家比卡尔·维尔姆研究一种轻便又坚硬的金属。

接到任务之后，卡尔·维尔姆想到的第一个可能适合的材料就是铝。但是实践证明，铝的强硬程度达不到标准。后来，他想到在铝中添加一些其他硬度较高的金属，于是找来了铜和镁，添加到铝中，接着用小锤子敲砸，"乓"的一声，锤子被弹回来了，而那个被"掺假"的铝却没有丝毫损坏。

"太好了，太好了。这个硬度真是我想要的！"卡尔·维尔姆高兴地欢呼着，"铝合金诞生了！"

接着卡尔·维尔姆又对铝合金进行了硬度检测，发现这种合成的金属硬度比铝高将近5倍，但是比理想中的还要差一点。于是他又去铁匠铺学习金属淬火技术，终于让铝合金的硬度可以与钢铁的硬度相媲美。而且相同体积的铝合金与钢铁相比，前者要比后者轻很多。这正是德国军方希望得到的军事武器铸造材料。

这就是可以成为飞艇艇身材料的铝合金。此后，铝合金以其自身特有的优越性在军事以外的其他领域均发挥着重要的作用。

10 有趣的"雨伞"

降落伞的发明,解救了无数由于飞机出现意外事故而不得已跳机的飞行员。它就像一个保护神一样,给了飞行员的二次生命。

如果说降落伞是一个在监狱服刑的犯人为了逃狱而发明的,你肯定会很吃惊。不过这就是现实,最早的降落伞原形是由一个名叫拉文的犯人发明的。

拉文由于误杀而获罪入狱,艰苦无味又漫长无期的服刑日子让他度日如年。慢慢地,他心里滋生了一个念头:逃狱。

"只要能逃出去,我就获得了新生。"对自由的向往让拉文逃狱的念头在脑海中不停地酝酿。但是每当看到那高达20米的监狱围墙时,他知道,自己的自由也只是幻想。

虽然暂时没有办法出去,但是每当监狱放风的日子,拉文都会到装作若无其事地在高墙边上勘察地形。他看到可以攀登的地方时,就做上记号。

"即使我能爬上墙,怎么跳下去啊?那么高,不摔死也会残废,还怎么逃跑呢?"拉文被这个残酷的现实难倒了。

逃狱的问题一筹莫展,拉文却迎来了亲人可以探望的日子,这让他着实高兴好几天。这一天,早晨下了雨,母亲撑着伞来到监狱探望拉文。看到了年迈的母亲鬓角又添了一缕白发,拉文的心格外地疼。母子连心,想到儿子在监狱里受苦,母亲也老泪纵横。

过了探视的时间,过于伤心的母亲被带了出去。母亲走后拉文才发现,母亲竟然忘记将雨伞带回去。从此,这把雨伞便成为拉文在监狱中唯一的"玩伴"。他每天将雨伞打开再合上,合上之后在打开。在看似无聊的举动中,拉文竟然发现了可以逃走的方法。

一次他将打开的雨伞高举过头顶使劲儿地往下拽,发现雨伞受到空气的阻力，而变得沉重。

"可以利用这个雨伞来帮我'对付'那个20米高的墙了。"拉文变得异常兴奋，并且不再整日忧心忡忡。他的逃狱计划正式启动。他担心雨伞不够结实，将自己的床单撕成一条一条的，一端绑在伞柄上，一端绑在伞骨的边缘。当所有的准备工作都结束之后，拉文挑了一个看守较松的雨夜，来到了事先做好记号的墙边，动作迅速地爬上了高墙。趁四下无人，他打开改造后的雨伞，深吸一口气，纵身跳了下去。拉文毫发无损地落地，睁开眼看到了一片旷野，心想："终于自由了！"

拉文并没有逃狱成功，当他爬上高墙的时候正好被一个出来方便的看守看到了。结果可想而知，拉文被重新关进了监狱，接下来的半生都在监狱中度过。但是这次逃狱事件却在社会上传开，并被一些有心人模仿再造，最终做出了由伞衣、伞包、伞绳背带系统、引导伞、开伞部件等部分组成的降落伞。

11 人类能够合成染料了

奎宁在19世纪是一种昂贵的的药品，在欧洲又不容易买到。了解这种现状的英国皇家化学学校的学生帕金一直都想研究如何可以人工合成奎宁，这样，不仅可以为自己带来利益，更能造福世界人民。帕金的想法是值得肯定的，但是却引来许多老师和同学们的嘲笑。大家都觉得他没有自知之明，想法不切合实际。这些否定的声音带给帕金很大的压力，但是这样的压力恰到好处，更加刺激了他研究的决心。

在大家都为复活节的到来而忙得不亦乐乎的时候，帕金一个人躲在实验室中研究合成奎宁的方法。实验中他发现了与奎宁的化学结构十分相像的几种物质的化学物质，将其从煤焦油里提炼出来，对这些物质分别进行了化学处理，以为会找到与奎宁相似的物质，但是每次都以失败告终。

帕金知道没有哪位科学家的实验会是一朝一夕就成功的，他重新换了一种苯胺来做实验。为了达到令其氧化的目的，帕金又添加了重铬酸钾，这时产生了黑色的沉淀物。帕金再次失望，因为奎宁是白色的粉末，和这些黑色的物质相差甚远。刚刚准备将其倒掉，帕金突然意识到，这可能是一种物质，应该先研究一下。

帕金将这些黑色的物质与酒精搅拌在一起，发现溶液竟然变成了艳丽的紫色。这让帕金大吃一惊。他随即将一条绸子手帕放到溶液中，手帕竟然被染上了紫色。

正当帕金好奇的时候，实验室突然停电了，没办法，帕金只能先回到家。第二天，阳光明媚。当帕金又来到实验室时，找到了那条手帕。怀着好奇心的帕金将其放到水中，用肥皂揉洗之后放在阳台上，在阳光的直射下不久便晒干了。帕金重新拿起这块<u>丝</u>绸手帕，居然没有褪色，而且比之前更加艳丽了。

年轻的帕金找到了自己研究道路的方向，从此开始潜心研究这种紫色可染色的化学物质。后来帕金成功的研究出了人工合成染料，令所有人刮目相待。

如今，在我们享受五颜六色的布料、色彩缤纷的时装时，不能忘记人工合成染料的创始人——帕金。

12 从发现到发明

现如今的医学水平，已经不会再像对肺结核这样的疾病束手无策了，几剂针药或者一个手术便可以轻松解救病人于痛苦之中。但是，在20世纪40年代的时候，由于没有一种副作用小且能高效治疗细菌性感染的药物，肺结核成为一个令人"闻风丧胆"的顽疾。肺结核就像死神的招魂器一样，只要患上了这种病，不久便会离开人世。居高不下的死亡率迫使研究人员不得不尽快研发一种新药，来与肺结核"对抗"。

医学人员从来没有中断寻找肺结核的"克星"，但是一直没有眉目。直到亚历山大·弗莱明、弗洛里和钱恩发现了青霉素，这个困扰医学界的难题终于被解决了。

就像善意的谎言一样，有时候无意间犯下的一些错误也会是一项发明的"功臣"。

亚历山大·弗莱明在1928年夏天带着一组即将毕业的学生做课题研讨，在他为所选课题做实验的时候，恰巧妻子的家乡发洪水，他和妻子急忙赶往岳父岳母家。离开时过于匆忙，忘记了实验室里还放着正生长着细菌。过了几周，弗莱明重新回到实验室时，才发现一个实验器皿中的金黄色葡萄球菌由于与空气接触过，竟然长出了一团青绿色霉菌。这吸引了原本处于自责状态的弗莱明的注意力。他立即将这些青绿色的霉菌拿到显微镜下做细致地观察。弗莱明发现葡萄球菌菌落被周围的霉菌所溶解。

"葡萄球菌被霉菌中的某种分泌物抑制住了。"弗莱明开始有了一些头绪，接着又发现这种霉菌就是青霉菌，将可以抑制葡萄球菌的分泌物命名为青霉素。美中不足的是弗莱明没有找到提炼纯度较高的青霉素的方法。在1939年，弗莱明将他精心培养的青霉素菌种提供给了同是研究领域权威的英国病理学家弗洛里和生物化学家钱恩。

弗洛里和钱恩在经过了一段时间的研究后，终于找到了提取了青霉素晶体的方法——冷冻干燥法。随后，弗洛里又发现在一种甜瓜上有大量可提取的青霉素霉菌，并结合玉米粉研制出了培养液。1940年弗洛里和钱恩第一次用青霉素在几只小白鼠身上做了实验。将10只小白鼠分为A、B两组，分别注射了足以至它们于死地的链球菌。然后，为A组白鼠注射适量的青霉素进行治疗。结果A组白鼠成功地存活，而B组白鼠则无一幸免都为实验牺牲了。近乎奇迹的结果，让弗洛里和钱恩都激动不已。后来他们又对青霉素进行了临床验证，结果证明青霉素对于链球菌、白喉杆菌等细菌感染有抑制和治愈的效果。

青霉素作为一种既可以杀死细菌又不损害人体细胞的药物，很快被制药企业大批量生产，广泛用于医学领域。但是由于每个人的体质不同，有人会对青霉素过敏，所以在注射青霉素药剂之前，要先对病人进行皮试。

通过亚历山大·弗莱明、弗洛里和钱恩三人的不懈努力，终于攻破了一道困扰医学界的难题，挽救了无数人的生命。

13 人类世界有了冰箱

炎炎夏日里，没有什么比得上一块雪糕更能勾起人们的食欲，保鲜的果蔬更是让每个家庭都能随时吃上新鲜健康的食物。冰箱的诞生改变了我们的生活方式，可谁又能想到，这么复杂的工业品起初竟然是由一位农场主发明的呢？

马里兰是一位勤劳的农民，他的家庭靠制作黄油为生。但是，炎热的天气总是令新鲜的黄油变质，往往第一天卖不完的黄油，第二天就不得不被大块大块地丢进垃圾桶里，每当把辛苦做出来的黄油扔掉时，马里兰都很沮丧，他总是在想，如果黄油可以放在凉爽的地方保鲜就好了！于是，他尝试着把冰块放进容器里，待容器降温后再将黄油放在上面，果然，第二天马里兰惊喜地发现，隔夜的黄油仍然很新鲜！冰箱的雏形就这样诞生了！

可是，这种简易的冰箱与现代的冰箱相比低效而简陋，马里兰的制冷机也没有得到人们的重视。直到半个世纪后的1851年，人类历史上第一台人工制冷压缩机才被澳大利亚的报社老板哈里森发明出来。哈里森是一位成功的商人，经营着当地著名的《基朗广告报》，他有着善于观察周围事物的眼光。

在一次清洗铅字的工作中，他意外的发现把乙醚涂在金属上有很好的制冷效果。这是为什么呢？

哈里森经过研究，终于找到了答案。原来，乙醚的沸点很低，在挥发的过程中能迅速吸收周围的热量。于是哈里森把乙醚和压力泵结合起来，制作出人类历史上第一台制冷机。

他把这种新机器卖给了一家需要制冷机的酒厂,帮助他们提高了效益。

在随后的日子里,冰箱不断被世界各地的发明家完善。1923年,瑞典工程师布莱顿和孟德斯携手发明了第一台用电动机带动压缩机工作的冰箱,这个专利被美国人买去后,为批量生产冰箱提供了技术支持,很快,家用冰箱走进了千家万户。

14 洗衣机上的吸毛器

瓦特看到被吹起的壶盖发明了蒸汽机,牛顿被落下的苹果吸引发现了万有引力,生活中的细节往往会成为把一个打开智慧之门的钥匙。当然,有了灵感,还有坚持探索的决心和毅力。

洗衣机吸毛器的发明者绍喜美贺是一位地地道道的日本家庭主妇,她在用洗衣机清洗衣物的时候遇到了当时所有家庭主妇都遇到过的困难——成团的小毛球粘在衣服的每个角落,衣服的确是干净了,但是看起来却很邋遢。

绍喜美贺回忆起自己小时候经常在田野上捉蜻蜓,她拿着爷爷给她做的网,只要轻轻一挥手,蜻蜓就再也逃不出她的五指山了。可不可以用这种方法来收集那些讨厌的毛球呢?这个想法使绍喜美贺感到十分兴奋,在之后的日子里,她便埋头开始研究能在洗衣机中"捕捉"毛球的网。

起初,绍喜美贺遭到了所有人的反对。亲人们劝她停下莫名的研究专心照顾自己的家人,很多科学家和权威人士闻讯也不屑一顾地断言她是不可能成功的。可是,绍喜美贺相信自己的直觉,一有空暇时间便坐在书桌上专心制作吸毛器。终于,功夫不负有心人,在经历了3年的漫长研究和反复尝试后,一个成本较低,操作便捷的吸毛器在绍喜美贺的手中诞生了!

绍喜美贺的发明走进了千家万户,成为了所有洗衣机制造者和使用者的最爱。这个默默无闻的普通妇女获得了15年的专利权和1.5亿日元的专利使用费，这笔丰厚的回报是她应得的奖励。更主要的是，她用实际行动告诉我们，在科学的道路上并不是一帆风顺，坚持自己的梦想和主见，才能取得最后的成功！

15 "葱管"导尿术

我国古代有着灿烂的文化，这些绚烂的文明千百年来不断推动着历史的进步。除了名扬海外的"四大发明"外，医学的发展也为人类的健康做出不可磨灭的贡献。其中"导尿术"的发明更是一段让人津津乐道的佳话。

唐朝名医孙思邈是当时驰名的神医，他济世救人、医德高尚，深得百姓的喜爱。

在一个夏日的午后，骄阳似火，蝉鸣唧唧。孙思邈正在椅子上打理早上采摘回来的药材，只听门口传来一声呻吟："孙大夫，救命啊，我快要死了。"

孙思邈循声望去，只见一位老者依偎在门框上，他弓着腰，双手捧腹，脸上早已大汗淋漓，眼睛满怀希望。

原来，老人家就住在这附近，从昨天开始已经很长时间没有去过厕所了。孙思邈看他的小腹僵硬而肿胀，不禁皱起了眉头。患者的情况很紧急，虽说利尿通便的方子他知道得不少，可是依眼下的情况来看熬药多半是来不及了。俗话说得好，"活人也不能被尿憋死"，这可怎么办呢？

"孙大夫，您是神医，一定要救救我！"老人家颤抖着说。

"老人家，您的痛苦我理解，可是情况紧急，我也束手无策呀！"孙思邈一边心痛着安慰老人，一边焦急地在屋子里踱步。突然，他注意到自己午饭后还未收拾的饭桌，在碗筷间几根葱叶格外的扎眼。

"有办法了！"孙思邈走到后院，在园子里摘下一棵葱，他把葱叶简单地处理了一下，使用葱管为老人导尿。

很快，一股浑浊的尿液从葱管里流了出来，老人肿胀的小腹也渐渐平。也正是这急中生智的葱管导尿术，被世世代代的中医传承了下来，并随着远途的商队传播到了世界各地，千百年来不知救活了多少危在旦夕的病人！

16 显微镜的问世

今天，"饭前便后要洗手""不随地吐痰"这些道理早已经妇孺皆知，可是谁又能想象得到，在18世纪的西方，当时拥有先进文明的欧洲人竟然流传着"一生不洗澡，高雅又健康"的错误说法。改变欧洲人这种风俗的，正是显微镜的发明者，著名的微生物学家——列文·虎克。

列文·虎克是一个典型的荷兰男人，他拥有高大的身材和细腻的心思，以及一颗永不疲惫好奇心。列文·虎克从小很贪玩，不爱读书，整日过着游手好闲的日子。可是，父亲突然离世打破了生活的平静，为了生计，母亲不得不把他送到阿姆斯特丹的一家布店当学徒，在那里，他接触到了当时科学最前沿的工具——眼镜。

繁重的工作并没有阻止列文·虎克对这些新鲜事物的研究和追捧，慢慢地，他对店里的业务越来越打不起精神。老板对他的"不务正业"感到失望和愤怒，一气之下将列文·虎克辞退。

丢了工作的列文·虎克仍然念念不忘在阿姆斯特丹看到的那些神奇的镜片，回到家乡后他通过关系找到了一个看门人的工作。虽然薪水很低，但是列文·虎克并没有任何怨言，因为这份工作给了他大量的空暇时间打磨透镜。

"眼镜店的老板故作高深，我

能做出比他更好的东西哩。"列文·虎克总是这样说。实际上，他也的确这么做了。在做看门人的日子里，每当他将一块再也平常不过的透镜打磨成了一个高倍数的放大镜时，都会由衷地发出一阵欢呼声！

"能不能把两个放大镜叠加在一起用呢？"

一天夜里，这个灵感从列文·虎克的脑海中一闪而过。他惊喜的从椅子上站起来，找来了两枚镜片。为了固定它们的位置，列文·虎克又在这两枚镜片中间制作了一个可以调整距离的钢架。就这样，第一台显微镜诞生了！列文·虎克在昏暗的烛火下，第一次看到了人类从未看到过的景象，这一夜，他兴奋地把玩着自己发明的显微镜，直到天亮……

很快，看门人列文·虎克的新发明传到了街坊的耳朵里，大家排着队到列文·虎克的家中参观那个简陋但是却无比神奇的机器，列文·虎克耐心地向大家讲解显微镜的工作原理，在人们离去之后，他总是要独自伏在显微镜前，认真做着笔记，记录他看到的这个微观世界的一切。

也许没有好朋友格拉夫，列文·虎克和他的发明永远不会被世人知晓。格拉夫是一位著名的解剖学家，也是列文·虎克家的常客。他认识到了显微镜在医学上的重大意义，鼓励列文·虎克向英国皇家学会递交一份研究材料。

"什么？把我的显微镜交给大名鼎鼎的皇家学会？得了吧，我可不想让人家看笑话。"列文·虎克推脱道，他对自己的发明并没有足够的信心。事实上，他的显微镜的倍数已经高达300倍。在格拉夫的真心劝说下，列文·虎克把自己心爱的显微镜和研究笔记邮递到了北海彼岸的伦敦。于是，一场医学的革命就此拉开了序幕。

直至今日，医学工作者仍然习惯用"15×20"的放大倍数进行基本的化验，这个习惯也将伴随着人们对列文·虎克的敬意不断传承下去！

17 为了弟弟的发明

俗话说得好,"英雄出少年"。小朋友们的年龄虽然小,处世经验也不多,但是他们天马行空的想象力远远超乎习惯于墨守成规大人们。只要加以利用和引导,就会爆发出惊人的创造力。著名的"四用防触电插座"就是中国的一位小朋友发明的。

上海市和田路小学的学生徐琛是一个爱思考勤动手的好孩子。有一天,她正在家里写作业,突然,一声大叫从卧室里传出,这可把徐琛吓了一跳。等缓过神来,徐琛认出了那是弟弟的声音!她连忙跑到了卧室里,只见弟弟倒在地上昏迷不醒,身上根本没有一点外伤,只是手里紧紧地握着一根细长的铁丝……这究竟是怎么回事呢?

奶奶和徐琛连忙把弟弟送到了上海市第一人民医院,在经过2个多小时的抢救后,弟弟终于脱离了生命危险,医生摘下口罩,对奶奶讲述了弟弟昏迷的原因,徐琛认真地在旁边听着。

医生说,有很多小朋友因为对电源好奇,所以总是在家人不在身边的情况下拿小木棍小铁丝去触碰电源,弟弟手上的那根铁丝就是这个意外的"罪魁祸首"。铁丝是很好的导体,这次弟弟没有生命危险真的是很幸运,因为医院每年都会接收很多这样的小朋友,他们中的很多人都没能再睁开眼睛!

"如果电源的插孔可以认出弟弟就好了"在回家的路上,徐琛思考着,"可是,电源又没有眼睛,它怎么会认出是不是弟弟呢,除非……除非把插座改造一下,让它长出眼睛来,这样,弟弟就再也不会有危险了。"

徐琛带着这种想法找到了学校里的"周末创意小组",活动室的老师听到她的想法后很高兴,鼓励她说:"徐琛,你的确可以尝试做一个防止触电的插座呀,老师和同学们会支持你的!"

说做就做，徐琛找来了家里装修时剩下的插座，又借来了爸爸的工具箱。每天写完作业后，她就把书本从书桌上收拾干净，拿出这些材料开始仔细研究。就这样，不到一个月的时间，徐琛的防触电插座发明成功了！当她把自己的成果拿到老师和同学的面前时，大家都围成一圈摸不到头脑。

"徐琛，这就是你说的防触电插座？"一个同学问。

"是呀，它就是长着眼睛的插座。"徐琛微笑着向同学们解释，"在做防触电插座的时候，我想到了利用闸门。还记得老师教过我们的'闸门原理'吗？这个插座里面有两道塑料闸门，当你用小棍只插进一侧的插孔时，里面也只会打开一道闸门，而另外一道闸门却很结实地紧闭着，所以它对于小朋友来说是绝对安全的哦！"

徐琛讲完之后，同学们都争先恐后地把防触电插座拿到自己的手里欣赏，大家都替徐琛感到高兴，老师的脸上也露出了欣慰的笑容。

在后来的"全国第二届青少年创意发明大赛"上，徐琛当之无愧获得了一等奖。

在人们对她的"四用防触电插座"赞不绝口的时候，又有谁会想到，这个神奇的发明竟然是出于一位姐姐对自己弟弟的关爱呢？

18 一份孝心，一个发明

玛迪娜·肯普夫是美国著名的科学家，由她发明的声控电脑和声控轮椅在美国家喻户晓，这些产品不仅帮助了无数残疾人重拾生活的信心，也深远地影响了声控物理学的发展。

玛迪娜·肯普夫的父亲是一位残疾人，从小就不能走路，每天都要依赖拐杖和轮椅。但是，老肯普夫却是一个很热心的人，他经常照顾社区中身体同样有残疾的朋友，还时不时地制作一

些简易的工具，帮助他们解决生活中的困难，大家都亲切地叫他"教授大叔"，很多年轻的残疾人在他的帮助下重新找回了生活的乐趣。

也许继承了父亲的基因，玛迪娜·肯普夫从小就热爱自然科学，尤其对机械和电器有着浓厚的兴趣。在小学的手工课上，玛迪娜·肯普夫总是第一个完成老师布置的任务，而且还会将小物品加工得非常精致，这让老师们对她刮目相看。后来，玛迪娜·肯普夫没有辜负大家的希望，以优异的成绩被斯坦福大学录取。

暑假的一天，正在卧室里打电话的玛迪娜·肯普夫突然听到窗外父亲的叫声："玛迪娜，快过来帮我推一下，我不小心把轮椅卡进了坑道！"

"不，等一等，爸爸！"玛迪娜·肯普夫不耐烦地喊道，"我在打电话呢，是朱利安，我们在讨论下学期新来的老教授。"

玛迪娜·肯普夫的意外拒绝伤透了父亲的心，从这天开始，老肯普夫就不再像往常那样时刻围在女儿的身边嘘寒问暖。起初，玛迪娜·肯普夫并没有在意，但是渐渐地，她发现了父亲的异常。

"爸爸，你为什么最近总是不理我了。"一天玛迪娜·肯普夫在晚饭时问。"我觉得女儿长大后就不再需要她的父亲了，不是吗？无论爸爸有多么棘手的事情找她，也比不上一个讨论教授的电话重要。"老肯普夫感慨地说。直到这时，玛迪娜·肯普夫才意识到自己冒失的行为深深地伤害到了父亲。

回到学校之后，玛迪娜·肯普夫仍然忘不掉父亲在饭桌上说的话。她躲在自己的实验室里，疯狂地做着各种稀奇古怪的实验。她想通过身体的疲惫来摆脱这种负罪感。玛迪娜·肯普夫想弥补自己的不孝，她打算做点能够让父亲感到欣慰和快乐的事情。

"玛迪娜，快过来帮我推一下，我不小心把轮椅卡进了坑道。"玛迪娜·肯普夫回想着父亲说的话，"对呀！我为什么不制作一台可以用声音控制的轮椅呢？这样爸爸就不会因为没有人推他而被卡在坑道里了。用声音操控轮椅，还能解放出双手，就像我永远都在身边推着他一样方便!"

玛迪娜·肯普夫没有放弃这个想法,为了能早日让父亲用到这种神奇的轮椅,她一头扎进了图书馆里,废寝忘食地学习和收集资料。声控轮椅在当时可谓绝无仅有,而声控技术更是学术界的前沿,面对一片陌生的科学领域,玛迪娜·肯普夫没有退缩。只要有不会的地方,她便会找到相关学科的教授,谦虚地请教问题的来龙去脉,为了节省时间,她推辞掉了所有课外的活动。

终于,在1985年10月的一个早上,世界上第一台载有声控指示器的轮椅诞生了!

玛迪娜·肯普夫向闻讯赶来的人们展示自己的发明。随着"前进""后退""左转""右转"等指令的说出,声控轮椅一丝不差地执行了所有收集到的口令,所有人都对这位年轻的女学生肃然起敬,斯坦福大学的物理实验室里响起了经久不息的掌声。

此时此刻,玛迪娜·肯普夫心里只想着一个人——爸爸。

19 射电天文学的诞生

"我仰望星空,它是那样辽阔而深邃;那无穷的真理,让我苦苦地求索追随。我仰望星空,它是那样壮丽而光辉;那永恒的炽热,让我心中燃起希望的烈焰、响起春雷。"这首脍炙人口的《仰望星空》是温总理于2007年在《人民日报》上发表的,在谈到创作的背景时,他不无感慨地说:"一个不会仰望天空的民族,是没有未来的民族。"

当我们仰望星空,赞叹它的无垠和壮丽时,也常常会翻开一本百科全书,仔细对照每颗星星的位置和资料。今天我们之所以能够发现这么多天体,多亏了一位叫作卡尔·央斯基的美国人。

卡尔·央斯基出生在一个富裕的美国家庭,从小接受良好的教育,在大学毕业后进入了当时有名的科研机构——贝尔实验室。卡尔·央斯基在贝尔实验室每天都会接触到各式各样的无线电设

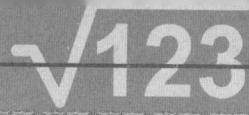

备,他的工作就是改善电话的通讯质量和线路成本。

一天,卡尔·央斯基正在伏案工作,突然,实验室机器的表盘发生了轻微的转动,随后,一阵微弱的电波从喇叭里传出。其实对于这种貌似平常的电波活动,所有的人都已经司空见惯,但卡尔·央斯基却感到这次的电波活动有点异常。

到底是怎么回事呢?卡尔·央斯基随手在纸上记下了电波出现的时间。

在随后的日子里,卡尔·央斯基天天都能清晰地收到一次那种异样的电波声。每当听到电波声时,他都很认真地把时间记录下来。

在一个冬日的下午,卡尔·央斯基的家里来了一位客人。这个人正是他的好朋友,狂热的天文学爱好者詹姆斯·特纳。在几句寒暄之后詹姆斯·特纳告诉他自己已经成功地证明了恒星时比太阳时少4分钟的科学性,正要前往伦敦找专家评鉴自己的研究成果。

"4分钟?!"卡尔·央斯基惊喜的大喊一声,便顾不得礼节飞奔回自己的实验室,原来在他对神奇电波的时间记录上,每一次电波的来到时间都和上一次相差23小时56分钟!

就这样,卡尔·央斯基放弃了自己在电讯领域的研究,因为他相信,这个电波一定来自于某一个天体,他一定要把它找出来!终于,功夫不负有心人,在一年的努力过后,卡尔·央斯基证实了电波寻找天体的可能性,并以自己追踪的电波为例,成功锁定了人马座的一颗恒星。从此,天文学结束了依赖望远镜的时代,"射电天文学"帮助天文学家发现了数以百万计的新星球。

20 船长的灭火器

人类和火的关系还真不是一句两句便能说清的。猿人利用火驱寒避冷,烹煮食物,逐渐向智慧文明演进,怪不得很多科学家说火才是人类的祖先。但是，失去控制的火，从古至今又吞噬了多少无辜的生命，诗人常常望着大火袭过的灰烬感叹火焰是可怕的魔鬼。在人类与火相伴的历史中，第一个取火的人早已无从考证，但是第一个灭火器的诞生却要大书特书。

曼比船长从小家境贫寒，为了维持生计常年奔波在码头做童工。14岁那年，带着对大海的向往，他不顾母亲的反对，成为一名水手。他乘坐的商船带着各式各样的商品来往于大洋彼岸的码头，每一次出海归来都会让船长赚取丰厚的利润。

曼比做梦都想拥有一艘属于自己的大船，可是他觉得这个梦想离他很遥远。经营商船需要庞大的资金，还需要丰富的经验，而曼比还只是一个身无分文、年纪轻轻的穷小子。

可是，一次海上的意外改变了他的命运。

这一天的傍晚，海霞格外美丽，夕阳在地平线上依恋着不肯落下。水手们聚在甲板上，他们要为顺利出航举办一场别开生面的舞会。船上的所有人都受邀参与了这场狂欢，大家一起喝酒、唱歌、跳舞、嬉戏，不知不觉玩到了深夜。船在大海上飘着，顺着海风和洋流驶向目的地。

突然，不知是谁打翻了油灯，一瞬间，甲板上燃起了熊熊大火。所有人都被这突如其来的大火吓呆了，水手们乱作一团，用幔布扑打着火焰，可越是用力，火势就蔓延的越快。

半醉半醒之际的曼比也被眼前的火海吓了一跳。可是稍作冷静之后，他想起小时候在码头工作，老师傅们曾经说过："在海上遇到火险，千万别去拿衣服扑灭。我年轻时干过这种蠢事，你会发现越用力火就越大。不要吝惜库存的淡水，唯有水才是火的克星。"

"快去甲板下面拿水来！"曼比冲着人群大喊。

水手们恍然大悟，急忙从甲板下取出了所有的水。这招果然奏效，不到一盏茶的工夫，猖獗的大火就被熄灭了。大家拍手称赞曼比的机智，都对他竖起了大拇指。

没有了淡水，船就无法远行。回到岸上，曼比把自己关在家里，他想制作出一款便于携带和使用的灭火装置。他把水灌满酒桶，又在里面注入了很多空气。这样，在遇到火险时，只要一打开木塞，水在空气的压力下就会像鲸鱼的水柱一样喷出。

曼比发明了世界上第一台灭火器，虽然简陋，但却无比实用。大家争相购买他的产品，曼比也因此赚了很多钱。

一年后，曼比的梦想终于变成了现实。于是。他有了新的称呼——曼比船长。

21 从监狱里走出来的牙刷

你知道古人是怎么刷牙的吗？古时的中国人，刷牙是达官显贵的特权，他们通常用盐粒清洗牙齿，然后用隔夜的茶水漱口。而在西方国家，人们每天早上都会用布条擦拭自己的牙齿。

牙刷的发明者威廉·艾里斯是一个聪明的工匠，他不仅擅长工艺，而且热衷于谈论政治。在一次集会中，威廉·艾里斯被警察抓了起来，尽管他能言善辩，可是却没有得到法官的信任。最后法官以"影响社会治安罪"将威廉·艾里斯投入监狱。

被关进监狱后，威廉·艾里斯的心情坏到了极点，他沮丧地坐在牢房里，感到度日如年。唯一让他欣慰的是，虽然监狱里生活艰苦，但是基本的温饱还是有保障的。

直到有一天，威廉·艾里斯一早起来，发现狱卒并没有给他发放早上刷牙所用的布条。他愤怒地找来典狱长理论，可典狱长却不削一顾地说："布条用光了，这几天都不会有了。话说回来，像你这种肮脏的家伙也配刷牙？"

被羞辱的威廉·艾里斯无奈地走回了自己的牢房，这时，他注意到身边的一个囚犯正在用一种很独特的方式刷牙。那个犯人把茅草缠在自己食指上，然后把手指伸进嘴里上下蠕动，很快，他的牙齿便和用布条擦出来的一样干净了。威廉·艾里斯若有所思地看着，在他的脑海里浮现出一种比布条更好的刷牙方式。

这一天的午饭，威廉·艾里斯把啃完的鸡腿偷偷藏在了身上，又向厨房要来了一撮猪鬃。回到牢房后，威廉·艾里斯把鸡腿骨拿出来，在墙上打磨成了一根光洁的小棍，然后，他在小棍的一端钻了一些小洞，又把猪鬃一根一根地插进去，固定好。就这样，世界上第一把牙刷就在威廉·艾里斯的手中诞生了！这个像刷子一样的东西不仅比布条更高效，而且还能重复利用，威廉·艾里斯很珍惜他的发明，他相信自己手中这个不起眼的小东西可以改变人们的生活。

出狱后，威廉·艾里斯成立了一间专门生产牙刷的工坊，果然，他的产品一经推出便收到了人们的追捧，直到今天，他的工坊作为百年老店仍然生产着热销的"艾里斯牌"牙刷。

22 小东西，大智慧

1935年的一天，匈牙利记者拉迪斯洛·比罗像往常一样整理着采访稿件。他奋笔疾书，希望在天黑前完成自己的任务，突然，"啪"的一声，把拉迪斯洛·比罗吓了一跳。原来，他的铅笔又断铅了。

"能不能找到一支不会断铅的笔呢？"拉迪斯洛·比罗放下手中的铅笔，他看了看书桌上的钢笔。"钢笔虽然不会断铅，但是经常漏墨水，有多少即将写好的稿子都因为被弄脏了而不得不重写。要是有一支笔可以把铅笔和钢笔的优点结合起来，那该多完美呀。"

于是，利用自己外出采访的闲暇时间，拉迪斯洛·比罗总会在当地寻找这种"神奇的笔"，他走过很多地方，可是都一无所获。在当时，铅笔作为一种廉价而且方便的书写工具，已经风靡了大半个世纪，虽然自身有许多不足，但还是赢得了绝大多数人的喜爱。

既然在现实中找不到想要的笔，拉迪斯洛·比罗决定自己发明。他在化工厂里找到了一种染料，可以很迅速的风干。用它做成的墨水，只要涂写在纸上，字迹马上就能稳定下来。然后，他又亲手制作了一个小铁珠，经过几天几夜的不懈努力，拉迪斯洛·比罗把小铁珠固定到一个特殊的笔尖上。写字的时候，小铁珠可以在笔尖上自由滚动，而在不用的时候，小铁珠就像塞子一样让墨水一滴也漏不出来。

拉迪斯洛·比罗为自己的发明欢呼雀跃，他连忙申请专利，向银行贷款开办了一间专门生产油笔的工厂。可正当生意兴隆时，问题随之而来。原来有很多使用者反映，他们在使用一段时间后，笔尖的小铁珠就会磨损，油笔会出现比钢笔更加严重的漏油现象。这可怎么办呢？

聪明的拉迪斯洛·比罗并没有被困难吓倒，他一面加固笔尖，将小铁珠变成了小钢珠，另一面减短了每只油笔笔芯的长度。这样，在笔尖还没有磨损之前，油笔就已经没油了，漏油的问题迎刃而解。

拉迪斯洛·比罗通过自己的努力改变了人类书写的历史，他在困难面前从不妥协的精神值得我们每一个人学习。

23 定时的蚊香

中国的小朋友真是聪明！继徐琛发明"四用防触电插座"后，华洁发明的"定时蚊香"受到了社会各界的关注和好评！

有一天，华洁和妈妈去超市买蚊香，琳琅满目的包装让她看花了眼。可是，华洁经过仔细观察后发现，虽然外面的包装千奇百怪，可是里面的蚊香都是一个样式。

华洁想到自然课上老师曾经说过，吸入过多的蚊香对身体伤害很大，可是为什么没有一种能定时的蚊香呢？

回到家后，华洁把自己关进了屋子里，她要把妈妈买的蚊香改造成可以定时熄灭的新产品。

第二天，华洁把自己的发明摆到了妈妈的面前。

"这是什么呀？"妈妈奇怪地问。

"定时蚊香啊"华洁高兴地向妈妈解释说："老师说过，过度的吸入蚊香有害健康。我把蚊香的底盘标上刻度，上面对应着相应的时间。我又用铁片做成一个可以自由滑动的小贴片。蚊香烧到贴片的位置就时就会自动熄灭，所以只要滑动贴片的位置，就能控制蚊香燃烧的时间了。"

"我的乖女儿，你真聪明！"妈妈高兴地把华洁抱在了怀里。

华洁的爸爸是一个很有商业眼光的人，他把华洁的发明申请了专利，很多蚊香厂家都争相生产这种可以定时的新产品。

就这样，小朋友用自己的智慧为家人创造了财富，也为所有使用蚊香的人带来了健康！

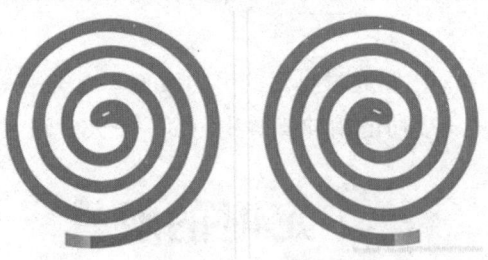

第二章

动物激发的创造力

各种各样的小动物在我们生活中很常见：可爱的猫咪、活泼的小狗、精致的金鱼、洁白的小兔子……除了喜欢它们，这些小动物还能够带给你其他的想象吗？

本章的一些发明发现的小故事，都是从动物身上激发出灵感，这些灵感又被聪明的人类变成现实生活中的发明创造。

小朋友们，你们还能从动物身上得到什么启迪呢？试着想一想，并动手做一下吧。

飞机的出现

大家看飞机的时候,是不是觉得它很像一只大鸟,有宽阔的机翼,圆润的机头,就如同展翅飞翔的大鹏。其实,飞机的发明有着许多仿生学的应用,包括鸟类、苍蝇、蜻蜓、螳螂、马、鱼、鲨鱼,等等动物的仿生学。所谓的仿生学,就是模仿生物的结构和功能原理,研制发明各种机械或技术。

德国人亥姆霍兹,根据鸟类飞行的原理,发明了能够载人飞行的滑翔机,这对飞机的出现起到奠基作用。

接着,莱特兄弟在进一步研究鸟儿飞行的基础上,发明了最原始的飞机。他们研究鹞鹰怎样使一只翅膀下落、怎样靠转动这只下落的翅膀保持平衡,以及在这只翅膀上增大压力的时候,鹞鹰为什么依然能保持稳定和平衡,等等。

由鹞鹰翅膀得到启发,莱特兄弟心想能否让滑翔机能更加自由的飞翔呢。于是,他们在滑翔机装上翼梢副翼,然后站在地面上,用一根绳索控制滑翔机的副翼,让它转动、弯曲,做出一些类似于鹞鹰翅膀的动作。

然后，他们又在滑翔机尾部添加了一个尾翼，这是一个可转动的方向舵，可以控制飞行方向，就好像是鸟类的尾巴一样，这个实验非常成功。1903年，莱特兄弟制造出了世界上第一架借助自身动力飞行的飞机——"飞行者"1号。

除了莱特兄弟，英国人凯利也对飞机的发明做出了卓越的贡献。他认为要承载重量，飞机一定要有能尽可能减少空气阻力的体型。人们在走路的时候就会感受到空气的阻力，可想而知空中驰骋的飞机受到的阻力是多么的巨大，于是他模仿鳟鱼和山鹬的纺锤形体型，为飞机机身设置了阻力小的流线型结构，为飞机体型的设计奠定了基础。

经过无数代人的努力，人类终于实现了飞天的梦想，这不仅归功于科学家们的辛劳和创造，更有赖于大自然的生物给我们带来的启示。

2 蜻蜓和直升机

直升机与飞机虽然功能相同，但发明过程却迥然不同，直升机的出现晚于飞机，这在一定程度上说明了直升机的发明难度比飞机还要大。

飞机的出现，满足了人们的飞行梦想，但是飞机不能在空中长时间停滞，虽然一般的飞机却不需要这样的功能，因为当时飞机最主要的功能是进行战争以及表演，最主要的是速度，而不是能够在某一地方停留的能力。但随着时间推移，军事行动对飞机要求越来越高，飞机的这一缺陷就日益凸显出来，成为科学家们力图攻坚的难关。

科学家们不断地进行试验，他们意外发现，蜻蜓虽然和鸟儿一样能够飞行，但不同的是，它们能够在一个地方长时间逗留。

1907年8月，法国人保罗·科尔尼研发制造了世界上第一架直升机，并在3个月后试飞，获得巨大成功。这架直升机的机臂上安有两副四叶螺旋桨，能高速水平转动，带动起巨大的气流，实现垂直升空。

但在试飞时，直升机振动得十分厉害，相比一般的飞机，安全性能很差，所以刚开始，直升机并不为大家所看好，认为这是一种既不安全又没用处的东西。

时间推移到1932年，苏联工程师布拉图欣研制了一架高性能直升机，取名为"欧米加号"，这架直升机已经能够很好地执行军事和运输任务，尤其在运输方面，展现出了很好的应用前景。从那以后，直升机才逐渐成为一种重要的飞行工具。

到了现在，直升机已经能够执行许多的任务了，更是被赋予了"坦克杀手"等诸多称号。

3 海豚的声呐

海豚是一种聪明的海洋生物，它们通过敏感的超声波，能发现几米以外细如发丝的金属丝，或者细小的尼龙绳，还能区别开时间差别极短的两个信号，能轻易察觉百米之外的鱼群，能闭眼在充满障碍物的水池中自由穿梭。

海豚的这种超声波除了能够进行精准的分析外，还有强劲的"目标识别"能力，不但能识别不同的鱼类，区分开黄铜、铝、电木、塑料等不同的物质材料，还能区分开自己发声的回波和人们录下它的声音而重放的声波。

不过，海豚声波的功能不仅止于这些。首先，海豚声波抗干扰能力极强。大家知道，海中世界，环境太过嘈杂，一般的声波很难解决问题，而海豚的声波抗干扰能力却十分惊人。海豚可以通过提高叫声的强度盖过噪声，从而使自己的判断不受干扰。

人类在了解海豚声波的种种功效后，便尝试发明人工声呐，通过声波在水中进行探测、定位和通信。

声呐技术发明于一百年前。1906年，英国海军的刘易斯·尼克森所发明了一种被动聆听的装置，这就是人类的第一部声呐仪。当时主要作用是测冰山，第一次世界大战爆发后，便被应用到军事上，用以测潜水艇。

目前，声呐被各国广泛应用于水下探测、定位、跟踪等方面。各国海军利用声呐探测水下目标，并进行分类、定位和跟踪；或者用声呐进行水下通信、导航。此外，人类在勘探海洋石油、进行水下作业、勘测海底地质地貌时也都不可避免地要借助声呐的作用。

4 变色龙的启迪

  大家在看电视的时候，是不是发现军人的服装颜色多种多样，有白色、有海蓝色、有天青色，还有各色迷彩服？为什么要这样设计呢，一部分原因是为了美观，更重要的原因其实是为了掩护，这一点是人们从变色龙身上获得的启示。

  根据周围环境的不同而改变，变色龙会将变成与周围环境相近的颜色，以隐藏自己，保护自己免受侵害。这就启发人们，在军事战斗中利用保护色来隐藏自己。所以在沙漠中进行战斗的时候，服装一般是灰色，而在密林中的大多是深绿色的，而在海中的则是白色或者是蓝色的。

  不过变色龙给人类的启迪还不止这些，科学家们研究发现，变色龙的变色除了具有保护作用以外，还能够传递某种信息，随时警示周围同伴。在这一提示下，科学家发现了可以利用不同的颜色的匹配来传递信息，于是人们发明了用信号灯、旗语等方式交流信息。

5 野猪的"防毒面具"

野猪的鼻子坚韧有力，可以挖掘洞穴、可以做武器，甚至能够推动几十公斤的重物前进。

此外，野猪的鼻子还是一种天然的"防毒面具"，能够过滤有毒气体。

第一次世界大战时期，德军用氯气制造了许多毒气弹，在比利时伊普雷战役中首次使用。英法联军被黄绿色的氯气毒雾笼罩下，纷纷中毒，有五千多士兵身亡，德国大获全胜。

事后人们清理战场，发现除了有士兵中毒身亡之外，附近的许多飞禽走兽也被殃及，都被毒死了。但人们发现了一个奇特的现象，那就是在毒气飘过的地方，野猪几乎全都安然无恙。

野猪为什么能躲过毒气的浩劫呢？这引起了科学家的注意，经过反复地观察和试验，科学家们发现并不是野猪对毒气有先天抵抗力，而是野猪用鼻子拱地的天性在关键时刻保护了它们。

原来，野猪在闻到刺鼻的毒气后，就本能地用那突出的大鼻子拼命拱地，土被拱松后，野猪就把鼻子插进泥土里，松软的土壤颗粒，吸附并过滤了毒气，这才使野猪避免了灭顶之灾。

科学家们受此启发，不断地进行试验，1916年，俄国化学家捷林斯基终于研制出了世界上第一代防毒面具。这种防毒面具，外形类似野猪鼻子，里面装有活性炭。这些活性炭吸附有毒物质的能力比土壤颗粒更强，同时还能保持空气畅通。

有了防毒面具，俄国军队在战场上便不再惧怕德军的毒气攻势，战争局面扭转，各国因此争相仿制，防毒面具也逐渐成为军事上的常备用品。

6 毒蛇的"热眼"

毒蛇是一种冷血动物，但却有一对"热眼"，我们看事物，只能看到外部的形态，而蛇眼却能够透过躯壳，透视人体热量的变化。

在它们眼中，人体只是一个温度分布表，而且人的任何动作和情绪变化都会引起温度的变化，时而剧烈，时而稳定，即使是最细小的变化也瞒不过毒蛇的眼睛。因此，一旦热度变化，就意味着有猎物靠近，它们就会毫不犹豫地发动进攻。

根据毒蛇的这种特性，科学家们发明了微型红热传感器。这种传感器能够很好地分辨出周围温度的变化，并用不同颜色来标示不同的温区。有了这样的传感器，导弹就能实现定点攻击，改变以前狂轰滥炸，效率低下的状况。

除此之外，用于防护措施的红外线、检验钞票的红外线，以及电子警犬、定位仪或狙击枪上的红外线也都是根据毒蛇的热眼研发而来。

7 蛤蟆夯

青蛙是一种擅长跳跃的动物，他们具有强健的跳跃能力，跳跃高度可以超出身体高度的很多倍，而弹跳时对地面所产生的冲击力也是十分巨大的。

根据青蛙的跳跃特点，人类制作出来了蛤蟆夯（hāng），这是一种专门用来坚固地基的设备，可以在很大的程度上坚固地基，让房子更加结实和牢固。

蛤蟆夯的工作原理和青蛙的跳跃是一样的，在工作的时候不断上去下来，用巨大的冲击力去冲击地面，以使泥土在不断地压打之下，变得更加紧凑结实。

在建新房和高楼的时候，各位朋友一定会听到撞击地面的巨大声响，那就是蛤蟆夯发出来的。

8 "企鹅王"越野汽车

"企鹅王"越野汽车是一款极地越野车，是苏联的动物研究所根据企鹅在冰原上行走不打滑的原理制造出来的。

企鹅是一种生活在冰天雪地的极地生物，他们宽大的脚掌能够在光滑的冰面上随意行走，他们的前胸可以让他们在冰面上平稳地滑动。而在极地中的科学家们，却只能无奈地选择最为艰苦的方式前进，充当运输车的冰车也难以满足专家们的大量物资需求。

艰苦的环境刺激了科学家们的研究热情，而企鹅更带给他们研究的启示。他们发现企鹅的羽毛是交叠在一起的，不仅能够很好地保护自身免受冻害，还能让它们在冰地上快速滑行。仿照这一特点，科学家们研发了"企鹅王"牌极地越野汽车，汽车的底部十分宽阔，底盘直接贴在雪面上，用轮勺控制前进，速度可以达到50千米/时，快而且平稳。

9 太空机器人

太空机器人是人类专门为探索太空而制作出来的机器人，这些机器人能够执行高难度和高精准要求的任务，在环境恶劣的太空中，也能正常工作。

在设计太空机器人的时候，为了能满足这些要求，科学家们对各种昆虫进行了研究，仿照昆虫的各种特性终于制造出了种类不同的太空机器人，比如类似蜘蛛的小型太空机器人，这类机器人能够在空间十分有限的条件下进行作业，如维修故障。

澳大利亚国立大学的科研小组通过对几种昆虫的研究，研制出小型的导航和飞行控制装置。这种装置可以用来装备用于火星考察的小型飞行器。

10 能够潜入水下的潜艇

1680年，意大利著名发明家博列里，通过仔细观察，发现大部分鱼类在水中上浮下沉，是通过缩小或者膨胀鱼鳔（鱼鳔就是鱼腹中一个类似于气球的物体，呈白色，能够轻易捏破，朋友们可以轻易看到）来调节体重实现的。

根据这一现象，博列里进行了深入的研究。他发现当鱼要浮上水面时，就会放松全身肌肉，使鱼鳔变大，鱼鳔很快就会充满空气，直到鱼所受到的浮力比他的重力和海水压力大为止，这样就浮出水面了，相反，如果鱼类收缩肌肉，使鱼鳔变小，浮力也会随之减小，鱼就会下沉，而如果鱼鳔内的气体使鱼体浮力和重力相等，就会停留在原地，既不上升也不下降。博列里根据这种特殊原理，制造了一艘潜水艇。

随着技术的不断发展，潜水艇的样式也越来越新奇。现代潜水艇设置有专门的"压载水舱"，位于外壳与内壳之间。压载水舱相当于鱼类的鱼鳔，可以调控潜艇上浮或下沉。而且，现代的

潜水艇的潜水深度大大增加，速度也得到很大提高，相比原始的潜水艇功能更为强大。

11 夜蛾的绒毛

隐形战斗机实际上并不能隐形，它们只是能够通过飞机表面的一些物质，躲避开雷达以及红外线等先进技术的扫视而已。

在电子对抗技术高度发达的今天，飞机还没有起飞，对方就知道飞机即将"光临"，各种火炮或拦截飞机的武器便已严阵以待，这就对军事行动和战斗机本身构成了致命威胁。

为了保住世界霸主地位，抢占制空权，美国国防部要求科研机构务必要研发出能躲避雷达扫描的飞机。

当时的雷达技术已经十分先进，要想躲开雷达的扫描，简直难如登天，美国科研机构因此一筹莫展。不过，聪明的总工程师还是找到了突破口——从研究雷达入手。他知道，雷达是受蝙蝠超声波的启发才发明出来的，而夜蛾却能巧妙地避开蝙蝠的追踪，这是为什么呢？经过查阅各种资料，他发现，原来夜蛾的身上有种感觉绒毛，能避开蝙蝠的"回波"。

也就是说，要想避开雷达，关键是要避开回波。

做好一切准备工作后，美国军方的研究工程正式启动，代号为"臭鼬工程"。他们先从外形着手，通过改变飞机外形，降低回波强度。

他们把钝头形的飞机机头改成尖锥形，又把座舱与机身融合到一起，同时去掉武器、吊舱和副箱等外挂物；使整个飞机看起来犹如一只宽大的黑色蝙蝠，尾翼呈燕尾形。

接着，美国人又在飞机的身上涂了一层"吸波材料"，让照射到飞机身上的雷达波转化成热能散失掉，这就像夜蛾身上的"感觉绒毛"。

就这样，隐形战斗机诞生了，并成为美国侦查刺探、争霸领空的秘密武器。

12 吃章鱼吃出来的凹形鞋

大家仔细观察，就会发现章鱼的爪子上，有许多吸盘。这些吸盘能够将章鱼的身体固定在一定的位置上，稳稳定住。日本人鬼冢喜八郎由此产生灵感，发明了一种凹形运动鞋。

20世纪50年代，日本的体育运动蓬勃兴起。市场上各种各样的运动鞋成为热销商品。当时，一个名叫鬼冢喜八郎的人很会捕捉商机，他看到运动鞋的需求量越来越大，心想要是能制造一种独特的运动鞋，一定能占有市场。

有一次，他应朋友之邀去观看一场篮球赛。他询问选手们运动鞋还存在哪些缺点，以及对运动鞋有什么要求。选手们一致认为，现在的运动鞋止步不稳，经常打滑。

"对，集中目标，专门研究篮球运动鞋，只有采取这种集中目标攻关的做法，才有可能与大公司竞争。"鬼冢打定主意。

于是，他开始专心研究篮球运动鞋。为了体验各种鞋的效果，他还经常和选手们一起打篮球，发现这些鞋在运动时，不能随时止步，造成投篮不准。他便细致研究起什么样的鞋底花纹能有效止步，防止打滑。

鬼冢喜八郎四处走访，甚至对急刹车时的汽车轮胎也做了一番研究。可是几个月下来，他没有任何收获，心里非常苦恼。

这天中午，他来到一家海鲜馆，点了一盘章鱼。吃着吃着，他发现章鱼的腕足内侧有个大吸盘，顿时脑中一亮，想起乌贼、水蛭等动物的身上也有这样的吸盘器官，这些动物依靠这些吸盘可以使自己附着在其他动物身上。

"对，把鞋底做成章鱼这种吸盘式的，就能够最大限度地增加鞋底的摩擦性了。"鬼冢为自己的创意感到无比兴奋，决定模仿动物吸盘制造一种新式运动鞋。

经过反复试验，吸盘形运动鞋终于制成了，至今流行。

13 产生冷光的"细菌"

当台灯亮了很久，我们伸手摸一摸，是不是会觉得烫手呢。一般电灯在发光的同时会散发热量，所以一段时间后摸起来温度会很高。但是有一种冷光灯，在打开时却不会使温度变高。他是由著名的科学家波义耳发明的。

波义耳生活在17世纪，他对细菌非常感兴趣，一天，他随手将许多会发光的细菌装在了一个瓶子里。到夜晚，这些细菌发出的光，居然照亮了整个屋子，并且这种光丝毫不会散发热量，也就是我们现在所说的冷光。

"要是用它来照明，那该多好啊！"波义耳心想，"蜡烛没有空气就不能燃烧，那么细菌发光会不会也和周围的环境有关呢？"

于是，他做了一个实验：用气泵将瓶子里的空气一点点儿地往外抽。结果发现，这些细菌发出的光亮越来越暗，直至消失。

"细菌发光难道也与空气有关系？"波义耳自言自语，便又把空气慢慢输入瓶中，细菌果然又亮了起来。这说明细菌发光同样离不开空气。

此外，他还发现，在发光的细菌上有一种特殊的物质——荧光素，这种荧光素在荧光酶的催化作用下，与空气里的氧气结合，就能发出一种光，而且这种光的最大特点就是不会产生热量。

后来，人们根据波义耳的这个发现，用化学的方法制造出了一种新的光源——冷光。虽然冷光的直接发明者不是波义耳，可是其功劳却被载入了史册，现在所有的冷光技术几乎都是根据波义耳发现细菌的原理发明的。

14 响尾蛇导弹

喜欢军事的小朋友都知道，在导弹家族，"响尾蛇"导弹最为著名。只要天空中有飞机飞行，"响尾蛇"导弹就能捕捉到飞机散发的热量，跟踪追击，直到把它炸毁……毋庸置疑，"响尾蛇"导弹是飞机的"克星"。

那么，"响尾蛇"导弹是怎么发明出来的呢？想来许多书友已经从名字中猜想出来，它是科学家从响尾蛇得到灵感创造出来的。

生物学家在研究响尾蛇时就已经发现，响尾蛇这种动物的眼睛虽然退化到了几乎看不清物体的程度，但它却饿不死，依然能准确、迅速地捕捉到猎物，即使是田鼠那样行动敏捷的动物也不例外。

响尾蛇这样的"特异功能"立刻引起了生物学家的注意，它到底是怎样发现猎物的呢？经过研究，生物学家发现，响尾蛇的眼睛与鼻子之间有一个小颊窝，对周围的热源特别敏感，即使是十分微小的变化，它都能察觉出来，并能测定出热源的方位。

生物专家的研究成果给兵器学者带来了许多启发，他们想到只要物体有一定的温度，无论温度高低，都会发射出一种看不见的红外线，红外线强弱随温度不同而不同。

如果能够利用响尾蛇根据物体发热来追踪猎物的原理，制造出一种类似于响尾蛇的导弹，专门用来跟踪飞机，只要飞机的发动机在工作，散发出或多或少的热量，导弹就能准确地瞄准它，并紧紧跟踪，直到炸毁它为止。

现在，这种导弹已经成名世界了，成为攻击飞机一种利器。

15 小老鼠带给人类的人造血

鲜红的血液是宝贵生命的象征，人体如果流失血液过多或血液出现问题的话，健康就会响起警钟，甚至生命也会遭遇危机。

为了进一步保障人们的健康，科学家们一直在研究能够替代血液的人造血。但是血液奥秘太多，许多年过去，研究也是没有丝毫的进展。

就在科学家们一筹莫展的时候，一只未被淹死的老鼠给人造血的科研工作带来了新的转机。

一天，美国科学家利兰·克拉克正在医药实验室里做实验，一只实验用的老鼠突然从笼子里逃了出来。克拉克转身去捕捉老鼠，老鼠仓皇逃窜，掉进了一只装有氟碳化合物的容器。克拉克担心老鼠被淹死，连忙去捞，老鼠不断挣扎，好一会儿，克拉克才把它捞上来。

在氟碳化合物中挣扎了半天的老鼠居然活蹦乱跳，丝毫没有要死的迹象。

为什么这容器里的液体没有将这只老鼠淹死？克拉克大感疑惑，立刻找来仪器，测量出容器里的液体，是一种名叫二氟丁基四氢呋喃的溶液。这种溶液的溶氧能力特别强，约为水的20倍，氧的溶解度占其体积的40%～50%，就是这样的溶液才让老鼠得以维持较长的生存时间而没有被淹死。

为了证实这一推论，克拉克特意捉来几只老鼠，把它们浸泡在溶液深处长达两小时，再捞上来时，老鼠们依然活蹦乱跳。后来，克拉克又将这种溶液注射到老鼠体内，替代老鼠的血液，老鼠也存活了好几个星期。

为什么这种叫作二氟丁基四氢呋喃的溶液能代替血液呢？原来血液在体内循环时，最主要的功能是携带氧气进入体内，通过毛细血管，将氧气送到各个器官组织的细胞里进行生物氧化反应。这种携氧工作是由血液中的血红蛋白来完成的，所以人造血又称人造血红蛋白液。

只是克拉克研制的人造血还不能在临床上投入使用，因为二氟丁基四氢呋喃溶液颗粒太大，输入体内后就不能排出体外，会在器官沉淀下来，导致人体慢性中毒。不过这次实验的重要性却是不言而喻的，正是那只"淘气"的小老鼠让人类对人造血的研究迈出了重要的一步。

随后，美国科学家又找到另一种氟碳化合物作为人造血材料。这种化合物叫全氟萘烷，它可从尿道和汗腺排出。但科学家发现这种溶液有堵塞微血管的副作用，几经试验，才找到解决方法：在全氟萘烷溶液里加入少量的全氟三丙胺再经人工乳化，就能解决上述问题。

1979年4月，日本一位病人失血过多，医生们用这种人造血给他输血，并获得成功，这是世界上第一例输入人造血的手术。

16 没有胰腺的狗

胰岛素是人体内唯一可以用来降低血糖的一种激素。

1589年夏天的一个中午，德国大学的冯梅林教授由于有一个实验还没有做完，吃过饭他就匆匆地赶往实验室。

路过斯特拉斯堡大街时，细心的冯梅林发现一件奇怪的事情：路上有一只卷毛狗，每当溜达到一棵树下，就会抬起后腿，在树根下撒尿，狗一离开，就有许多苍蝇围着狗尿飞来飞去。

"苍蝇为什么对狗尿那么感兴趣呢？"他凭着敏锐的直觉，他想到狗尿里一定含有什么新的化学成分，他当时正在和病理学家闵可夫斯基研究"胰腺在消化过程中的功能"这一课题，说不定这个发现能有助于课题研究。

于是，他把卷毛狗抱回了实验室，先对狗尿进行了化验，发现狗尿中含有大量糖分。然后，他又给狗做了体检，发现狗的胰腺功能损坏了。

"是不是胰腺功能损坏的狗，尿中都含有糖分呢？"他将另一条狗摘去胰腺，然后收集狗的尿液，发现这只狗的尿中也含有大量糖分。

遗憾的是，由于种种原因，冯梅林对这个问题没有继续深入研究。

三十年后，加拿大的一个名叫班丁的医院讲师，在冯梅林教授研究的基础上又进行了深入研究。他推测被人们视为不治之症的糖尿病一定与胰腺有关。

他几经研究发现，正常人的胰腺上，分布着像岛屿一样的小暗点，而糖尿病病人的胰腺上，小暗点只有正常人的一半。

"这是为什么呢？"班丁百思不解，"如果能增加胰腺上的小暗点，就一定能攻克糖尿病这个难关。"

班丁经过多次试验发现，这种小暗点就是胰岛素，胰岛素是在胰腺中产生的一种激素，它能促使肝脏去除血液中的葡萄糖。身体不能产生足够胰岛素的人就会患糖尿病，患者的血糖就会高到危及生命的程度。可是，增加小暗点——"胰岛素"谈何容易！

班丁下定决心一定要解决这个问题。经过艰苦的探索和研究，班丁终于实现了在不破坏胰腺的情况下，正常提取小暗点，并且在实验室里把胰岛素分离出来。

班丁成功了，他用自己的辛勤汗水，填补了医学上的一大空白，给糖尿病患者带来了福音。不过，班丁始终没有忘记，是冯梅林教授为他打下了坚实的基础。他说，如果没有冯梅林教授为他铺好的阶梯，他就不可能获得成功。

17 吃鱼吃出来的梳子

你们知道梳子是怎么发明的吗？恐怕很少有人知道，因为梳子的来历实在是太过遥远了，可以追溯到黄帝时期。

黄帝妻子众多，正妻嫘祖发明了养蚕技术，而第二个妻子方雷氏则发明了梳子。相传黄帝后宫中有20多位女子，经常蓬头垢面。每到重大节日，她总要把这些女子叫来，用手指把每个女子的蓬发一一捋顺。方雷氏心想，自己贵为部落领袖的妻子，怎么能一直做这种事情呢，必须要找到一种一劳永逸的方法。

这时有一个名叫狄货的男子，曾经给黄帝发明了舟船，从洪水中捞回十九条大带鱼。他请黄帝的第三妻室彤鱼氏给他烹饪。

但彤鱼氏有病不能下床，狄货只好去找方雷氏。方雷氏按照彤鱼氏平时做鱼的方法，用柴火烧热石板，然后把带鱼放在石板上，上下翻滚，不一会带鱼就烧熟了。

狄货一口气吃了3条，吃剩的鱼刺堆了一地。

方雷氏随手拣起一根地上的鱼刺，折了一节洗干净，左看右看，觉得非常美观，不由得用带鱼刺梳刷披在肩上的乱发。不一会儿,蓬乱的头发竟被梳得整整齐齐。方雷氏大喜过望,把所有带鱼刺都收集取来洗干净。

第二天她把这些带鱼刺折断成很多小段,分发给其他女子,教她们如何梳头发。

一群女子嘻嘻哈哈都动手梳起来。刚开始,大家都不会使用,有的把鱼刺扎进头皮,有的用力过大,把带鱼刺折断了。有的抱怨说不如用手指头,又保险还能抓痒。最后大家都怨声载道地离开了。

接着,她招来黄帝手下专做木工的睡儿,要求睡儿依照带鱼刺的模样,做一把木质的梳子。

不几天,睡儿用一块木板制作了一把带鱼刺式的梳子,拿来给方雷氏看。方雷氏见了,扑哧一下笑出声来。睡儿丈二和尚摸不着头脑。方雷氏笑着说,这刺比手指头还粗,简直像个耙地的耙子,怎么能用来梳头发呢?睡儿惭愧地笑了,回去后,叫来几个会做木工活的弟兄,一起商量研究,最后用竹子做成了一把梳子,梳子刺宽度硬度恰到好处。方雷氏看后,非常高兴。

中华民族妇女使用梳子时代从此开始了。

第三章

好奇心的引领

好奇心在人的少年儿童时期最为强烈,孩子对身边的不熟悉的事物都会感到好奇。这是非常好的一件事,因为好奇心会带来求知欲,这样获取知识的时候就会充满兴趣,学习起来才不会感到枯燥和乏味。

这个事物为什么是这样子的?它跟其他的有什么区别?它的功用在哪里?我们能从它身上得到什么启发?

以上这些问题都是好奇心的具体表现,在生活中,记得对不熟悉的食物多加关注,对常见的食物更要从不同的角度去理解,这样就会有与众不同的收获。有了好奇心的引领,想必大家都会是发明小能手。

刮胡子的发现

　　吉列是世界知名的剃须刀品牌，它的老板是一位名叫吉列的外国人。

　　在没有发明安全剃须刀以前，吉列是一家瓶盖公司的小销售员。他爱科学，有聪明的头脑和敏捷的思维。吉列从20就开始攒钱，节衣缩食，把所有节省下来的存款都投入到他的创造发明中去。但令吉列沮丧的是，这样过了整整二十年，他仍然一事无成。到了1985年夏天，吉列被公司派到保斯顿出差。他在返程的前一天晚上买好了火车票准备第二天动身返回公司。但是一件意外的事情发生了，改变了他的一生。

　　第二天，他睡过了头，正当他急忙起床、刮胡子的时候，旅馆服务生跑来催促吉列："先生，再有五分钟，火车就要开了。"吉列心里一紧张，手一抖，被刮胡刀刮伤了嘴巴。

　　吉列忍着痛擦拭嘴巴上的伤口，突然一个绝妙的构思出现在他脑中："如果能发明一种不容易刮伤皮肤的刀子，肯定大受欢迎。"

　　于是吉列埋头苦干，用心钻研。经过艰难困苦，终于发明出了我们现在使用的安全刀片，吉列也被世界公认为安全刀片大王。

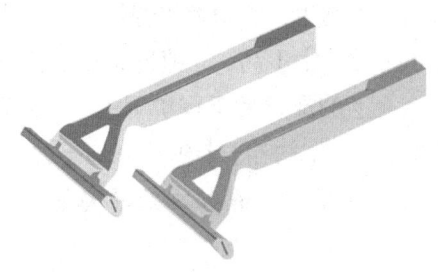

穿错裤子的结果

请问你有没有见到过海军服呢?白色或蓝白色相间的上衣,肥大的蓝色裤子,无檐帽后面系着两根黑色飘带,在碧水蓝天之间随风飘荡……身穿海军服的水兵们显得格外飘逸,像一群自由自在的海上精灵。

全世界的海军服都大同小异:海军服的裤子很肥大,前裆没有开口,腰部两侧的衩也是用扣子紧紧连在一起的,裤腿非常粗,完全是女裤的式样。这又是为什么呢?这样的设计自然有它的道理。海军服的诞生,与一次海战有密切关系。

1713年,英国的一位普通海军军人约翰·卡尔跟随舰队来到了一座军港。恰巧,他的家就在军港附近,他请示上级后便回家探亲了。一天深夜,一阵紧急出航的汽笛声,打破了睡梦中的约翰·卡尔的美梦。被惊醒的他立即穿上衣服,火急火燎地向军舰方向狂奔而去。

慌忙中,约翰·卡尔居然穿上了妻子的裤子。水兵们看了,都情不自禁地盯着他发笑。约翰·卡尔也发现自己穿错了裤子,又羞又气。

军舰在大海上乘风破浪,航行了一段时间,突然遭到了敌人潜艇的攻击。约翰·卡尔的军舰被一颗水雷击中了。军舰眼看就要下沉,水兵们为了逃生,纷纷跳进惊涛骇浪之中。

约翰·卡尔游泳技术不高,一掉进海水里就惊恐得乱抓乱蹬,几下子就把穿在身上的那条裤子蹬了下去。这条肥大的裤子充满了空气,漂浮在水面上,约翰·卡尔疯狂地抱住充满空气的裤子,就像抱住一个救生圈似的,在海水的浮力的作用下,浮在了水面上。

在海面上漂浮了 17 个小时以后，筋疲力尽的约翰·卡尔终于获救了，而其他 32 名海员全部罹难。

"妻子的裤子救了我！"在采访中，约翰·卡尔不断告诉记者。记者激动地记下了约翰·卡尔得救的整个过程，并以"妻子的裤子救了卡尔一命"为题目发表了一则新闻。很快，约翰·卡尔因为穿错裤子而侥幸存活的事迹便传遍了整个海军，影响很大。英国政府决定立即组织有关方面的专家，对这条"有功之裤"进行彻底、权威的研究。

专家们在研究时想道："这种女裤用扣子连接两边的衩，在水中容易脱落，而且肥大的裤管在垂直落水时能够迅速充满空气而鼓起来，成为名副其实的'救生气垫'。而且这种女裤，能又快又好地卷起来，在做干冲洗甲板等活儿的时候极其方便。"

专家们经过激烈地论证后，便向英国海军总部提出建议：他们要求必须对现有的女裤样式再做进一步的改良，然后以改良后的女裤为模板，制造统一的海军裤和海军服。英国海军总部开会讨论了专家们的意见和建议，最后一致通过了这一方案。

在众多科学家的共同努力下，英国终于设计了新一代的"能救命的"海军服。这种新式海军服率先成为英国海军的军装。不久，英国制造出了第一批新式海军服的消息不胫而走，其他国家的海军也纷纷效仿。过了一段时间，这种新式海军服便在世界上流行开来，一直延续至今。

可以说，海军服的发明翻开了海军事业发展的新的一页。

3 花瓣的启发

在我们的生活中，有一种钩带和绒带结合在一起的新型尼龙搭扣，这种新型尼龙搭扣非常灵巧耐用。它们被广泛应用在服装、鞋子、背包、篷帐、降落伞、窗帘、沙发套等生活用品上。

那么这种有一种钩带和绒带结合在一起的新型尼龙搭扣是由谁发明的呢？是瑞士发明家乔治。

乔治是职业发明家，十分喜欢打猎。

有一天，乔治和往常一样，带着猎狗进山打猎去了。这时候一只灰色兔子突然出现在乔治面前，猎狗"嗖"的一声冲了上去，乔治也快跑跟在了狗的后面。狡猾的兔子钻进了荆棘丛中，猎狗仍然紧追不舍。虽然乔治最终还是打到了兔子，但身上却沾满了紫色的山牛蒡花。

乔治拍了拍衣服，那些花儿仍然牢牢地粘在衣服上，无论乔治怎么拍，衣服上的花瓣还是纹丝不动。

乔治渐渐地对这种花的花瓣产生了兴趣。他干脆弯身坐在石

头上，一点一点地来抬衣服上的花瓣。

"哎，见鬼！这些花儿怎么粘得这么牢啊？"乔治一边想着，一边努力地抬衣服上的花瓣。结果他发现要想把这些花儿都抬下来，是一件非常不容易的事。

乔治想："这又不是胶水，为什么它会挂到衣服上，而且比胶水还粘得牢固呢？"

他认真观察这种紫色的山牛蒡花，一段时间以后，突然有了一个想法，他想："这些山牛蒡花的超强粘合力肯定跟它自身的结构有关，也许我可以从这里找到一个新发现。"

于是乔治带了一大捧紫色的山牛蒡花来到实验室。乔治把一朵紫色的山牛蒡花放在显微镜下仔细观察，一下子就找出了答案。原来，这些小花的花瓣表面全都是一些细细的钩子。

"这么看来，小钩子跟绒布碰到就会紧紧地咬住绒布。如果两个对象，一个是带钩子结构的，一个是绒状结构的，那它们就可以咬合在一起不分开了。"乔治得到这个启示后，高兴极了。

于是乔治以紫色的山牛蒡花花瓣为课题，仔细地研究了8年。他根据紫色的山牛蒡花的特征，发明了一种钩带和绒带结合在一起的新型尼龙搭扣。

这种新型尼龙搭扣质地坚韧，使用牢固；而且轻便，易于携带，被各种行业广泛地应用。

可以自己包扎的创可贴

人们在受到小面积创伤的时候，一张创可贴是必不可少的。只需要把创可贴贴在伤口处，就不需要到医院去包扎了。这样既能及时处理创口，又能够省去许多麻烦，使人们成功地包扎好自己的创口。

那么这种小巧而有用的创可贴是怎么发明出来的呢？创可贴的发明，还与一对夫妻间的爱情有关呢。

在一个美丽的夏天，迪克森认识了一个女孩，在一段时间的交往后，他们结婚了。刚结婚不久，迪克森的太太还不太会做饭，经常因为切菜而划破手指。深爱着妻子的迪克森非常心疼。每次当太太不小心切到手指，迪克森就会精心地帮太太包扎。

"如果我不在家，那谁来替你包扎啊？"迪克森一边给妻子包扎，一边说。

"一定要想一个方便、快速、高效的包扎的办法。这样，太太一个人也能够给自己包扎了。"迪克森不断地想。

一天晚上，迪克森闲而无事地拿起纱布和绷带，开始研究起来。

他先将绷带剪下一条，涂上胶，平铺在桌面上；然后取出一部分纱布，折叠成纱布垫，放到绷带中间；最后把绷带盖上粗一点、硬一点的纱布。做好这个可以包扎的新发明后，迪克森决定先用在自己身上试试。他把这个新玩意贴到自己的手指上，结果居然真的可以轻松地贴上去又撕下来呢！

又过了几天，迪克森夫人在煮饭的时候，又一次地划破了自己的手指，那时候迪克森不在家，她就用丈夫为她准备的新玩意，自己进行了包扎，既方便又及时而且十分安全。等迪克森回家的时候，夫人非常高兴地把这件事告诉了迪克森。迪克森激动地握着妻子的手说："只要你安全，我就非常开心了。"这么一个小小的创可贴，却充分地表达了迪克森对妻子的绵绵爱意。

后来为了让那些"胶"不会因为暴露在空气中太久而失效，迪克森又非常认真地把它重新地研究了一下，做成了改良后的新产品。就这样，世界上第一块创可贴就诞生了！

埃尔·迪克森发明的创可贴，安全和方便，是当代医学史上的一项重要的发明。

5 剪彩的由来

如今，在许多重要场合，特别是开业典礼上都要进行剪彩活动。作为一种活动仪式，剪彩的过程非常重要。那么剪彩这种活动仪式，是怎么产生的哪？

它是美国的一位百货公司的老板威尔斯发明的。

早在1912年，威尔斯在美国圣安东尼奥市的华狄密镇，开了一家规模较大的大商场。经过各个方面的筹备，威尔斯挑选了一个好日子，准备开张。

为了这次开业，威尔斯准备了一个隆重的开业典礼。他想："怎样才能一炮打响，吸引更多的人呢？既要让人知道我的百货公司的商品琳琅满目，又要有些神秘感，把行人都吸引来，让人们想进来看看。"

威尔斯闭着眼睛心里盘算着："我可以在百货公司的大门上用一根布带拦起来，然后把门敞开着。这样，门外的行人就只能若隐若现地看到里面的商品，而且能巧妙地把人委婉地拦在外面，达到让人越聚越多的目的。待一切准备就绪，再把大门打开，自然就形成了人流'火爆'的场面。"威尔斯想到这里，不禁嘿嘿地笑出声来，晚上，他辗转反侧，越想越兴奋，觉都不想睡了。

开业这天清晨，威尔斯特意安排员工，把大门用一根布带拦了起来。果然到商场门前看热闹的人越聚越多，人山人海。门内的工作人员也在紧张地忙碌着……

突然威尔斯老板女儿养着的那只哈巴狗从门里往外跑去，只听"哗"的一声，小狗把那根拦在门口的布带"撕"成两截，门外的顾客霎时，像海潮一样涌入商场。

威尔斯老板被眼前的场景惊呆了。

可是训练有素的工作人员立即投入了工作，纷纷走到自己的

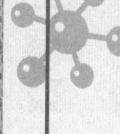

岗位上，本来是来看热闹的人群争先恐后地购买商品……

看着商场热火朝天的景象，威尔斯激动得手足无措。他为自己的想象而庆幸，更加感谢那只惹了祸的小哈巴狗。

威尔斯的商场生意非常欣荣，这都是开业时，那只小哈巴狗的伟大"贡献"。

为此，威尔斯想出了一条妙计，他想："如果我把布带做成了彩带，请当地有名望的人来剪断彩带。这样，既能招徕更多的顾客，又能提高自己的名望和地位，可谓一举多得。"

后来威尔斯的第二家公司也筹备完毕。他再次想起了那根布带，想起了惹祸的狗。威尔斯按照自己上次的想法，把布带做成了彩带，还邀请了当地有名望的人来剪断彩带——这个办法的正确性立即得到了验证。威尔斯的第二家商场也红火起来。

于是各地的商人纷纷效仿，在开店仪式中，添加了"剪彩"的环节。到如今，世界各地的许多重要场合，特别是开业典礼上都要进行剪彩活动！

6 为马儿减轻负担

在很多年以前,马匹是最重要的交通工具,它在交通运输中起着不可或缺的作用。

一次,20岁的德国人奥托,看到一匹匹马拉着沉重的后车厢,大声地喘着气,卖力地来回奔波着,十分辛苦。

"能不能设计制造出一种发动机,把它装在马车上,为我们可怜的马儿减轻一些负担呢?"奥托看着路上的各式马车,突然冒出了这个念头。

恰巧此时法国的工程师鲁诺瓦,正在将他设计的两冲程内燃机安装在马车上,在巴黎街头当众展出。

奥托观看鲁诺瓦的机器马车时极其认真专注,他通过仔细观察和科学计算,找出了它不能成为实用品只能是展品的原因:气体燃料发动机的热效率太低,消耗的燃料比蒸汽机大得多!

他想道:"发明发动机是世界交付给我的历史任务,我一定要把发动机发明出来,造福人类。只有设计制造出一种新型的、高效的,能在道路上奔驰的机器马车,才能成功地把人类带到一个全新的生活概念中来。"

奥托在校时是一名成绩优异的学生,可是由于早年丧父,他16岁时便辍学了。奥托为了生计,在一家小型的杂货铺找到了一份工作,当起了学徒。他从来就没有受到过高等教育,要想发明一种新型的机器马车,这就像精卫填海一样困难!

但是奥托没有被困难吓倒,他一方面卖力地自修文化知识,一方面反复地对新型的机器马车进行一系列的研究试验,终于得出了一个结论:"解决问题的关键有两个:一个是采用怎样的燃气,燃气与空气要达到什么样的比例,才能发挥最好地效能:二是活塞的运动方式,怎样使进气、压缩、点火、排气这四个过程一气呵成，不浪费燃料。"经过多次尝试，他设计了一种四个汽缸联合运动的四冲程方式发动机，并把它画在了设计图纸上。

可是普鲁士专利局说他的发动机缺乏理论依据，不予受理。

听到驳回的消息后，奥托急得像热锅上的蚂蚁——团团转。奥托心想："如果我不能成功申请专利，那就意味着我的发明不能转换成产品，就不会有制造商与我合作生产我自己的内燃发动机，更重要的是：发动机的发明实验就不会有后期研发资金了。"

幸运的是，一位名叫朗根的朋友资助了他。奥托非常珍惜朗根给自己的资助，他激动地发誓：一定要制造出最为先进的内燃发动机，使机器马车成为人们日常的交通工具。

奥托对设计方案进行了反复的改进和修正，不断加长进气道，改造了汽缸盖，使内燃机更加完善。内燃机生产出的第一号机器每分钟可转 100 转，燃料节省了 2/3。奥托的实验终于成功了！他制造的内燃发动机成了人们的争相采购的商品。

古老的马车终于离开了历史舞台，人类的生活方式被奥托完全地颠覆了。现在，人们已不再用马车来作为交通工具了，我们看到的两个轮子的摩托车、三个轮子甚至四个轮子的汽车就是由奥托发明的内燃式发动机来提供动力的。

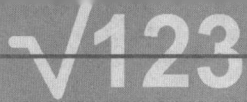

7 两脚捣水的发现

轮船，大家都看到过吧！其实，现代轮船的动力原理和一个小朋友的一个小动作有关。这个小朋友长大后就是闻名遐迩的美国工程师富尔敦。

一个夏天的中午，富尔敦乘着大人不注意，独自去河边钓鱼。他看见河沿上有一条小船，便解下缆绳，登上小船，划着木桨向河中心划去。可惜天公不作美，这时忽然刮来了一阵大风，富尔敦拼命地划动木桨，努力想把小船划到岸边。可是富尔敦无论如何也无法控制好船向。他急得满头大汗，只好跳入河中，游回岸上。

筋疲力尽的他躺在岸边，眺望着河中央被风吹得来去飘荡的小船，心里泛起了层层涟漪："顶风的船为什么就划不动？能不能想出一个办法来，让船能自动前进呢？"

一个灵感出现在富尔敦的脑海中，他想："如果是在海上发生沉船事件，我一个人能够成功游到岸上，侥幸逃生。其他人要是不会游泳，那该怎么办？坐船那么危险，岂不是有很多人都不愿意坐呢？有没有什么办法能提高安全系数？"

晚上，富尔敦躺在床上辗转反侧，苦苦地思考这个问题。第二天，他又来到那条小河边，安静的河面上有几只天鹅在自由地嬉戏。

他跳上那只小船，心里想着昨天的问题，完全忘记了划桨，两只脚垂在船舷上，荡来荡去，拍打着水面，捣动着河水。不知不觉中，小船已经漂到了小河中央……

富尔敦发现自己身处河心之后，脑中灵光一闪："两只脚不停地晃动，就能使船前进，那能不能用机器来代替两只脚呢？"

富尔敦思考了片刻，便立即飞也似的向家的方向跑去。回家

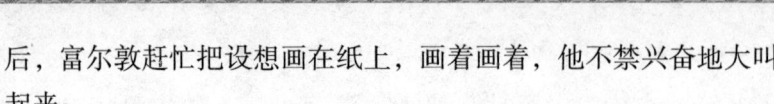

后，富尔敦赶忙把设想画在纸上，画着画着，他不禁兴奋地大叫起来：

"就是这样，就是这样！"

富尔敦脑海里已经出现了轮船的雏形："船上装一个轮子，轮子上布满风车似的桨叶，轮子不断地转动，桨叶就会被带动起来，拍击河水，就像用脚捣水一样，使船前进。"

富尔敦看着自己设计的船、桨叶、轮子，暗下决心：一定要把这种安全高效的轮船研制出来；并且把它大量普及，使坐船的每一个人都能安全、快捷地到达自己的目的地。

后来富尔敦慢慢长大了，他为了能够实现自己的理想和抱负，收集了大量有关物理学的资料，刻苦钻研有关造船的专业知识。终于在1807年，他创造出了世界上第一艘用机器推动前进的船只——轮船。

后来，科学家们对轮船的不断改进，使轮船的安全、快捷、高效、低成本的优势更为突出。而轮船也在诸多交通工具之中脱颖而出，成为重要的海上交通工具。

8 皮鞋的诞生

有一个国家，人们是不穿鞋的，他们走路时都光着脚。国王是个明君，非常爱惜子民，经常亲身体验民间疾苦。

一次，国王前去与国外的国君会面，路上突然下起了瓢泼大雨，耽搁了几天。

几天后，烈日当空，国王带着随从继续前行。由于刚下过雨，泥路上有一些动物踩过的深脚印，坑坑洼洼，在太阳光的暴晒下，就如同狼牙一般，尖锐刺脚，再加上有许多碎石头，国王的脚被扎得火辣辣的疼，甚至磨出了血泡。

回到皇宫后，国王立即召集大臣，开了一个紧急会议，下了一道圣旨，要将全国所有的道路都铺上一层牛皮。

大臣们摸不着头脑，纷纷询问国王这么做的原因。

"这还用问吗？这是为了造福人民，让他们走路时，不再受刺痛之苦。"国王解释说。

可是大臣们感到非常为难：就是杀光国内所有的牛，也筹集不到足够的牛皮呀，况且这需要动用多少人力啊。

这时候，一位年轻的大臣提议说："如果用牛皮来铺路的话既费时间又费尽力，而且容易被风雨腐蚀，何况我们也没有那么多牛可以提供牛皮。还不如用两块小一点的牛皮把自己的脚包住，然后穿着它在路上行走，这样不就解决问题了吗？"

国王一听，大喜过望，连连嘉奖这位大臣，称赞他具有超出常人的智慧。然后，制作了许多这样的小块牛皮——这就是今天我们穿的皮鞋的由来。

9 人工授粉的秘密

大家知道什么是人工授粉吗？人工授粉就是人类用人工的方式，代替蝴蝶、蜜蜂，还有大自然里的风来为果树传授花粉。

来自苏联的米丘林，就是为果树进行人工传授花粉的"第一人"。

米丘林的父亲是一位业余园艺师，在米丘林还是幼儿的时候，父亲就为他种了一棵中国苹果树。可是直到米丘林8岁，这棵中国苹果树才结出比樱桃还小的苹果。为此，米丘林暗暗发誓："长大了，我一定要种出能结出又大又甜的苹果的优质的苹果树。"

在中学时，他不满学校的枯燥的教育方式，与任课老师产生了分歧，被校长赶出了学校——他辍学了。接着父亲因为积劳成疾，离开了人世……米丘林生活压力越来越大。

后来他拼命工作，积攒了一点儿钱，便在自己的住处附近，开辟了一块小小的果园，米丘林为实现小时候的理想做了有力的铺垫。他在自己的果园里种上了中国苹果树，开始了改良苹果树的试验。

邻居们看了，都纷纷笑话他："穷光蛋搞研究，真是不自量力。"

"种这些连半个卢布都不值的东西，不知道他怎么想的。"

"傻子做傻事，不是天经地义吗？"

这些话传到米丘林耳朵里，他十分伤心："为什么人们都不来支持我，反而刻意中伤我。我一定要用别人没有用过的方法，种出别人种不出的果子。"

米丘林根据长辈传授的经验得知：果实的大小与果实的花粉质量有关。于是他请南方的克里米亚和高加索地区的园艺师们帮忙，恳求他们把能结出又大又好的苹果花粉寄到北方来，用来改变自己北方果树的品种。

园艺师们接到信后，对米丘林给予了很大帮助，纷纷挑选了上好花粉寄给了米丘林。他接到这些花粉后，十分欢喜，把这些花粉分成了好多份，当果树开花的时候，小心翼翼地撒到果树的花蕊上。

"可是这些花粉容易被风吹跑或被小昆虫弄走，这样，花粉的质量又降低了。"米丘林站在果树林里寻思，"怎样才能解决这个问题呢？"

米丘林独自徘徊在小果园中，埋头苦思，直到天黑才动身回家。米丘林无意中看到了天花板上的电灯，眼前一亮："我可以用纱布罩子把一朵朵人工授粉的花朵罩起来。这样，既避免了蜂蝶等昆虫来'骚扰'，又保证了空气和阳光不被隔开。"

于是第二天，米丘林用纱布罩子把人工授粉的花朵一朵朵罩了起来。

几个月后，当米丘林打开纱罩，他终于看到了亲自人工授粉的花朵结出了果实。虽然没有他以前希望的那么大那么甜，但是人工授粉的实验毕竟成功了。

然后，米丘林为了让果园的果树，结出更大更好吃的水果，还发明了另一种水果栽培技术——嫁接技术。使用了"嫁接技术"培育出的水果口感更清新而且余味无穷。

米丘林也为此成为世界著名的园艺家。

10 冰天雪地用耳罩

有一个名叫切斯特·格林斯特的男孩，非常迷恋滑冰运动。圣诞节那天，妈妈给他买了一双溜冰鞋作为圣诞节礼物。收到礼物后，切斯特·格林斯特异常高兴。

"这个寒假我将会过得非常愉快。谢谢妈妈！"切斯特马上换上溜冰鞋，来到户外开心地滑起冰来。没多久，格林斯特双耳冻得通红，哭丧着脸回到家里。

"宝贝，你怎么这么快就回来了，为什么不去多玩一会？"妈妈很纳闷地问切斯特。

切斯特撅着嘴巴，沮丧地说："哎，我也想多玩一会儿啊，可是这该死的天气，冻得我的耳朵都快掉下来了……"

妈妈心疼地走到切斯特跟前，用温暖的双手捂住切斯特冻得通红的双耳，想让这对小耳朵暖和暖和。

渐渐地，切斯特感到自己的耳朵，不再僵硬、发冷，变得非常暖和舒服。妈妈这个小小的动作，使他突然产生了一个念头。他想："假如有一件暖和的东西捂着耳朵，我不就可以继续玩了吗？"

切斯特激动地握住妈妈的双手，把这个新颖的想法告诉了妈妈。妈妈听后，非常支持他，她说："这是一个很好的创意，切斯特，大胆地去做吧，妈妈支持你！"

于是，切斯特在妈妈的帮助下，找来了一些铁丝和羊毛，先用铁丝圈成耳朵的形状，再紧贴着铁丝缝上柔软、暖和的羊毛。

就这样，世界上第一个耳罩在切斯特手中诞生了！

用这个新型的耳罩来捂住双耳，切斯特又可以在冰天雪地里溜冰了！周围的小朋友，看着他的耳罩都觉得很新奇，他们要求把切斯特的耳套给他们试戴一下。

"哇！真的很缓和很舒服。"小伙伴们称赞说，都请求切斯特给他们做一个，切斯特得意极了。

4年后，切斯特·格林斯特到国家专利局申请了耳罩的专利，并且在朋友的帮助下成立了一家专门生产耳罩的公司。

又过了几年，切斯特发明并且生产的耳罩成为人们在冰天雪地里必不可少的保暖器具，并且风靡了全世界，流传至今。

11 救命的脖颈夹板器

1987年4月，在第15届日内瓦国际发明与新技术展览会上，阿莉德·婷因发明的脖颈夹板器，获得了世界知识产权组织每年向当年最优秀的女发明家颁发的金奖。

阿莉德·婷不是什么科学家，更不是什么科研人员。但是她利用自己敏锐的触觉和丰富的想象设计出了每个医院都在不断使用的医疗器具——脖颈夹板器。

阿莉德·婷从事发明并没有什么了不起的动机，她只是想减少一些病人的痛苦，增加他们的治愈能力。她做这项发明时已经40多岁了，但是她从未放弃过这个造福人类的设想。

1936年4月6日，阿莉德·婷出生在挪威首都奥斯陆附近的一个农庄里。她的父亲虽然以务农为生，可却一直爱好发明创造，他申请了十几项发明专利，在当地颇有名气。受父亲的鼓励，她对科学发明也特别感兴趣。

阿莉德·婷在25岁时结了婚，家庭负担较大，但是她一直没有放弃对发明创造的热爱。

45岁那年阿莉德·婷获得了到奥斯陆大学注册学习的机会。1984年的一天，阿莉德·婷往学校走去。可是交通突然阻塞，人们围在一起。阿莉德·婷走进人群一看，原来是发生了车祸。其中一个男人的一只脚卡在废车堆里，身子无法动弹，他的头部正汩汩地流着鲜血……

"他的头骨破裂，千万不要轻易搬动。"学过一些护理知识的阿莉德·婷对赶来救护的人说。

"要是把脊椎弄伤了，即使医院里有最好的外科医生也无能为力。"边上的人摇着头说。

"是啊。"阿莉德·婷实在不忍心继续看着这个男人血流满面的样子,她压抑着内心的恐惧回到了家里。

躺在沙发上,她的眼前反复出现着那个男人满身是血的惨状。她突然冒出个念头:"能不能用传统包扎断腿、断臂的夹板来包扎断裂的脊椎呢?或者说,能不能发明一种这样的夹板呢?那样的话,人们就不用担心在搬动受伤者头部时会弄伤脊椎了。"

她决定马上进行这项十分有意义的研究。她从一个门外汉开始,系统地学习了人的生理知识,对解剖学、骨科学、护理学等有关的学科进行了认真的研究,并走访了一些骨科医生,随后开始设计脖颈夹板器,用两块板子夹住脖颈,搬动头部时,脊椎可以避免受到损伤。经过一次次试验,3年以后,阿莉德·婷——这个普通的家庭妇女,终于完成了这项拯救人类生命的发明。

"我在发明脖颈夹板器的时候,只是想能为承受痛苦的人做点事情,就是自己最大的幸福。"这就是阿莉德·婷在第15届日内瓦国际发明与新技术展览会上领奖时的感言。让我们记住阿莉德·婷,感谢她的发明为延续病人的生命做出的贡献。

12 体温表的制作

伽利略是举世闻名的科学家，他的理论和创造是世界科学史上璀璨的瑰宝。

这一天，伽利略在威尼斯的一所大学里授课。他在给学生上实验课。他边操作边问学生："当水的温度升高，特别是沸腾的时候，为什么会上升？"

"因为水沸腾时，体积增大，水就膨胀上升。"

"水冷却时，体积缩小，所以就降下来。"

伽利略听了非常满意地朝学生们笑了笑。突然，伽利略脑中灵光一闪："许多病人的体温往往会升高，我们却观察不到。能不能想个办法，准确地测出体温，帮助诊断病情呢？"

四百年前的世界是没有体温表的，医生不能使用任何"测量体温"的器械，只能根据经验给病人诊断病情。

伽利略感到这是一个给病人带来福音的机会。于是他用手握住试管的底部，试管内的空气逐渐变热，然后倒过来插入水中，再松开手。这时水被吸入试管内并慢慢上升。当他重新握住试管时，水又被压下去了。

"我可以根据水的上升下降，来看出人体的体温变化。"伽利略喃喃自语，"如果我将一根很细的试管灌上水，再排出管内的空气，然后把试管口密封住，并在试管上面刻上刻度……当他把这怪模怪样的东西交给医生，让病人握住它时，水上升的刻度就能反映出了病人的体温。"

于是伽利略根据自己的想

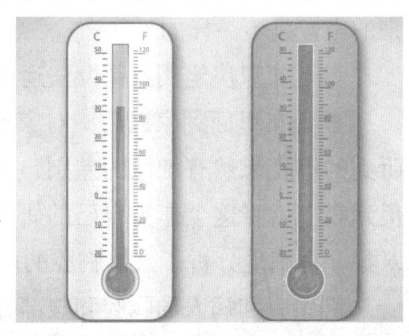

象，然后进行了大量的实验，终于研制成了世界上一支能测量体温的体温表。

伽利略发明的体温表，经过改良后，更是受到得了人们普遍的推广和应用。现在，几乎每家医院都要配备大量的体温表，为病人测量体温，然后医生们根据体温表测量出来的体温，为病人进行准确而及时的诊断。

13 新颖的治疗方法

奥地利有一位非常著名的医生，他的名字叫作奥廷布里。他不仅医术高明，而且善于观察和想象，形成了独树一帜的治疗方法"叩诊法"。

有一次，一位生病的小女孩，她的病十分奇特，几个医院都没能确诊，最后被送到奥廷布里那里。可惜的是，奥廷布里还没有实施诊断，小女孩就口吐鲜血，死去了。

这件事让奥廷布里非常内疚和伤心。奥廷布里想："难道非要打开胸腔才能看到病情，或者等到病人口吐鲜血，才能确诊这是结核病吗？"

为了解决这个问题，奥廷布里冥思苦想，终于想起了一个人，一个在库房里帮忙的工人。库房里的工人每次抬酒桶之前，都要用小木棍在木桶上敲两下。他告诉奥廷布里说："你如果听多了，就会发现，有酒的和没酒的或者只有一点酒的酒桶，用木棍敲出来的声音是不一样的。"

奥廷布里决定用这个办法运用在医学上。

奥廷布里回到家以后，对家人的胸腔都进行了几次敲打，他听到的声音果然有细微的差别，并把这些声音记下来。就这样，奥廷布里就将这个作为自己的研究主题，把各类病人当成了研究对象，精确地分析了人体胸腔的声音。

健康人和病人的胸腔和腹部，敲起来的声音会有很大的差别，

所以医生可以借此诊断病情，及时做出诊断结果。

若干年后，奥廷布里将自己的研究结果整理以后，写出了一本《最新诊断法》的医学书籍，这本书就是"叩诊法"的起源。

14 聆听心脏的声音

在医院里，医生有时要听诊病人的胸口，他们用听诊器聆听心脏的跳动的声音，以此作为医学检查的一部分。其实，在中国古代，大夫们就频繁使用"悬丝诊脉"的方法为身份尊贵或者异性患者看病。

到了近代法国，医学家勒内克发明了一个类似于"悬丝诊脉"的物品，它不像丝线那么细长，而是一种专门的医疗诊断器具，叫"听诊器"。听诊器是现代医学最常用的一种专业医疗器具。

勒内克发明听诊器的过程还是一个有趣的小故事呢。

一天，一位雍容华贵的贵族女士走进了医院要求就诊，她面色苍白，举步维艰，而且气喘吁吁，看上去病情非常严重。

贵族女士对勒内克说："大夫，我胸口疼得厉害，我整个人非常难受，连气也喘不过来。"

"你先不要紧张，让我用耳朵靠在你胸口上听一听，就可以知道你生的是什么病了。"勒内克严肃地对她说。

贵族女士羞红了脸，反驳说："不行，我是女人，你是男人，我们两个素不相识，怎么能够这么亲密？"说完，她就愤愤然起身走了。

勒内克想道："这位女士一定是觉得这种诊断方法是太亲近了，所以才那么不好意思。可是因为这个缘故，而延误了她的治疗时机，这会因小失大的，那可怎么办呢？如果有一种器械，可以直接将心脏的声音完整地传到耳朵里来；那么我们就可以准确地听出病人的心脏跳动的声音了，也就能更快更准确地诊断出病人的病情。"

因为没有及时治疗这位特殊的病人,勒内克感觉非常郁闷,便去医院的公园里散步。公园里设置有许多一些简单的游戏设施,用来给病人做康复治疗用。

勒内克闷着头随意逛了逛。他无意间抬头,看见两个小朋友站在跷跷板旁边玩游戏。他们一人站在一头,一个用铁钉在这头轻轻地划,另一个就趴在另一头的跷跷板上仔细地听。

勒内克觉得很好奇,走到这两个孩子的身边,微笑着问道:"小朋友,你们这是在干吗?"

"听声音啊!"两个小孩异口同声地回答。

"听声音?这有什么好听的?"勒内克尝试着跟着孩子们一样,把耳朵凑到了跷跷板上去,果然那一头的孩子划跷跷板的声音,在这一头居然可以清晰地听到。

"原来,木头是可以传递声音的!"勒内克兴奋地联想道,"那我也可以把它放到病人的胸口,去听心脏的声音!"

勒内克连忙回到医院,他首先拿来了一块木头,把它放在别人的胸口。然后试探性地听了一下。嘿!在木块的那头,果真可以听到对方的心跳。后来干脆把实心的木块设计成了一根空心木管,经过改良后,医生就能够更加清楚地听到病人的心跳的声音了。

这个经过改良后的空心木管就是世界上第一台听诊器。它就是现代医生脖子上挂着的钢铁听诊器的雏形。它的出现,标志着人类医学,又向着成熟的方向前进了一大步。

15 不得天花的原因

"天花"是一种非常恶劣的传染病,他的传染力十分广泛和迅猛,在18世纪中期的英国甚至全世界都在流行这种疾病。

天花的死亡率非常高,得了这种病的人,即使幸运地逃离了死神的魔掌，也会变得失聪、失明，一辈子残疾。即使更幸运地逃过残疾的这一劫，脸上也会生出一脸的麻子。

在英国，只要提到天花，所有人都会吓出一身冷汗。由此可见，这种病有多危险。

由于每天都有天花患者相继死去，英国政府决定，不惜重金，也要找到治疗天花的方法。

爱德华·琴纳医生受命研制治疗天花的药物。他来到乡下，开办了一间小诊所，专门治疗得了天花的病人。他准备以此为入口，不断积累经验，探索治疗的方法。

时光如箭，岁月如梭，不知不觉3年过去了，但是对天花的预防和治疗还是没有什么进展。

一晃到了1766年秋天，两个农场女工在与琴纳医生闲聊时说："琴纳医生，您知道吗？我们农场里从来都没人得过天花。"

"从来都没人得过天花？"农场女工的话，对于经验丰富的琴纳医生来说无疑是开启成功大门的钥匙。他似乎看到了胜利的曙光，便马上询问了农场女工的农场地址，和她们的工作内容。

"我们所在的单位就是西郊的那个农场，我是挤牛奶的工人。我们都患过牛痘。"一位女工说，"也许是因为农场女工挤牛奶，得过牛痘，所以就不长天花了吧。"

"得了吧，那跟天花有什么关系？"另一个女工嘲讽了几句，"你以为全世界的人都会去挤牛奶啊？"

这句话，把琴纳刚刚产生的灵感彻底地抹杀了。

接着又是一个十年过去了，琴纳对天花的研究仍然没有一点进展，两名农场女工的话语好像又在耳边响起。

"为什么不干脆去农场看看呢？"琴纳想。

说干就干，琴纳立即赶到西郊的农场，并且不厌其烦地对农场所有的工人进行调查。

西郊的那个农场调查结论出来了——这里挤牛奶的女工没有

一个得过天花！但是她们都有患过牛痘的病史。相比较致命的天花来说，牛痘就是那些只会让身上痒上几天的小水疱。

"难道，感染牛痘康复后，人体产生的牛痘抗体，可以预防天花？"琴纳想，"要是能够把牛痘接种到人体之中，是不是人类就再也不会生'天花'这种可怕的传染病了？"

为了证明他的这个假设是正确的，他首先在动物身上做起了实验，实验结果出人意料地成功。琴纳非常兴奋，为了证明这种方法对人体是十分有效，而且不会伤害人体。琴纳在自己身上做了实验，他把高浓度的天花溶液接种到了自己身上！

实验成功了，琴纳因为在体内有了牛痘抗体，所以并没有感染到天花。

琴纳激动极了，他把这个好消息告诉了妻子，并紧紧地抱住她，大声说："我成功了！我成功了！"他的妻子热泪盈眶，她为丈夫的成功，大声鼓掌。

琴纳的伟大发明，使人类战胜了恐怖的天花疾病，使人类的生存有了极大的保障。在1979年10月，最后一名天花病人被治愈，这意味着天花这种疾病已经彻底地被人类击败了。而爱德华·琴纳的名字也将作为一位伟大的医学家的范例，被永远载入医学史册。

16 救命的人造血管

人造血管是人体血管的替代品，它的发明为人类身体和生理健康做出了很大贡献。

人造血管的发明者是美国化学博士鲍勃，他使用的基本材料是聚四氟乙烯，他能够顺利发明出人造血管还要归功于他的父亲。

1958年初，鲍勃的父亲戈尔放弃了杜邦公司优越的工作，

投资创办了以自己名字命名的戈尔公司，主要经营用聚四氟乙烯作原材料生产的带状电缆。

尽管戈尔全身心投入到这家公司的生产和销售，但产品并没有畅销多久便没有了竞争优势。在1969年的秋天，由于市场激烈竞争以及产品的需求量达到饱和，电线电缆业务剧烈缩减。

"爸爸，不能再这样下去了，我们得在开发新产品上下点功夫！"鲍勃不忍心看着父亲整天苦恼的样子便向他提出了自己的意见。

"开发新产品不是一件容易的事，要是能节省材料就好了。"戈尔对儿子说，"节省原材料就能提高利润。"

"对，要是能把现在的聚四氟乙烯拉长，把空气吸收到材料中去，又不影响材料的性能，那就能降低生产成本了。"鲍勃心里想。

然而，当时的科学技术还不能够把聚四氟乙烯大幅度地拉长。"真的不能再拉长了吗？有没有人试过呢？"知识渊博的鲍勃没有放弃自己的设想，"还是自己动手做做看吧。"于是他就构思起自己的发明来"我可以把一根聚四氟乙烯放在实验室的烘箱里慢慢烘烤，然后抓住两端，轻轻地一拉……"

鲍勃按照自己的设想开始实验起来。虽然设想的好，但是每次到了最后关头都是"啪"的一声，聚四氟乙烯断了，鲍勃很伤心。但是他毫不放弃，一直兢兢业业地进行着实验。终于有一天，鲍勃遇到了一个成功的机会。

这天晚上，鲍勃照例在做聚四氟乙烯的实验，拉一次失败一次，再拉一次再失败一次。鲍勃实在忍受不了一次次的打击，他恼羞成怒地抓起了聚四氟乙烯用力一拉，不料，一英尺长的聚四氟乙烯竟然被拉成了两臂那么长还没断。

鲍勃终于找到了拉伸聚四氟乙烯的窍门，就是烤热后要用大力气来拉。由于新的聚四氟乙烯管降低了生产成本，很快为戈尔公司带来了大量收入。

一天，鲍勃的父亲带领几个朋友参观鲍勃的实验室。一位医生朋友无意间看到了被拉长的聚四氟乙烯管，惊讶万分地问戈尔："咦，这是什么新玩意？"鲍勃告诉他，这是一种聚四氟乙烯管，它需要一定的热量和力度就够拉长。

"热量和力度？这和人的血管很相似。血是热的，血的流动是有力的，能不能用它来代替血管呢？"这位医生兴奋地问。

鲍勃立即说："大胆地试一下吧，要是成功了，那可是造福人类的事。"

后来医生就用这种管子在动物身上做了实验，成功地把老鼠的把心血管连接了起来。接着他又在人体上进行试验，结果发现使用了这种管子之后，管壁上出现了小泡泡，说明用聚四氟乙烯做成的人造血管强度还不够，经不住血压的压力。

为了攻克这个难题，鲍勃尝试着进行各种实验，终于把改良后的人造血管研制出来了。改良后的人造血管坚固、耐用且不伤害身体。

随着人造血管的问世，许多心血管患者减轻了病痛，获得了新生。据1982年世界卫生组织的有关资料显示，全世界37万多人在使用了鲍勃发明的人造血管后，摆脱了病魔的纠缠，过上了幸福的生活。

17 高产量的杂交水稻

1981年，国务院在北京召开表彰大会，袁隆平个人荣获特等发明奖章。农业专家袁隆平发明的"高产量水稻"备受世界瞩目。

1953年，袁隆平从西南农学院毕业，那时候，他还是一个对未来充满热情和幻想的毛头小伙子。他自愿来到地处湖南省安江镇的黔阳农校，当一名普通的老师，而实际上他想在这里实现自己的梦想：培育出一种高产优质的水稻品种。从1960年起，他的研究思路渐渐明晰："要想培育出一种高产优质的水稻，最好是培育出一种杂交水稻种子，让它的第一代展现最大的优势，从而极大地提高水稻的产量。可是要培育出杂交水稻，首先要找到雄性不育的水稻植株。因为水稻是雌雄同花的自花授粉植物，在同一朵花上并存着雌蕊和雄蕊。只有找到雄蕊不育的植株，才能实现异花授粉，才能人工培育出杂交水稻。"

于是袁隆平就全身心地投入到高产量水稻的研制工作中去。

1964年，稻田里的水稻又开始开花了。袁隆平像往年一样，在他的试验田里独自一人仔细巡视每一颗水稻。突然他的眼睛一亮："呀，这不正是我要找的水稻植株吗？"眼前的这株水稻，稻花内的雌蕊发育正常，雄花却呈现出干枯的样子……

袁隆平立即弯下身子，把这株与众不同的水稻植株小心翼翼地挖了出来，慢慢移植到试验盆里。同事们见了，都和他打趣说："小子，看你这么开心，恐怕是找到了宝贝了吧？"

"是啊，它的确是宝贝。现在，它比什么都重要。"

袁隆平得意地回复着。后来他在这片稻田里又找到了三株同样的水稻，此时袁隆平激动得说不出话来。他的灵感告诉他："高产量水稻的愿望就要实现了"。当天晚上，袁隆平一想到高产量水稻就要改良成功就辗转反侧，难以入眠。

在几百株甚至几千株水稻的茫茫稻田中，要找到一株雄性不育的水稻植株，这是多么困难的事啊——简直就像大海捞针一样！

然而袁隆平在耐心观察下，终于在一块稻田里找到了好几株雄性不育的水稻植株，怎么能不让他兴奋呢？这一年，袁隆平像对待婴儿一样培育着他的这几株水稻植株，亲自为它们浇水、施肥，并定期观察、记录，又用人工的方法将别的稻花采过来与它们杂交，从而成功地繁殖出第一代"杂交水稻"。

到了1971年，中国农业科学院在袁隆平的倡议下成立了"杂交水稻协作组"，全国各地的几百名农业科学技术人员在他的统筹指挥下，进行了对杂交水稻改良品种的统一研究。

1973年，袁隆平的"杂交水稻"试种成功，新的杂交水稻的亩产量达到500千克，晚稻亩产甚至达到了600千克。这是中国广大农民做梦也想不到的高产水稻。1975年，全国的杂交水稻种植面积达5000亩，1980年扩大到8000万亩，袁隆平为中国的水稻大量生产和丰收改良做出了杰出贡献，彻底解决了中国人民的"吃饭问题"。

由于袁隆平的杂交水稻产量高、口感优良的特性，迅速受到了邻国的关注，出口到柬埔寨、泰国等国家，之后，传播到了全世界，解决了世界人口的温饱问题。

18 好吃的臭豆腐

小朋友,你喜欢吃臭豆腐吗?臭豆腐虽然闻起来臭吃起来却很香。它是中国的一绝,它还有一个鲜为人知的故事。

早在清朝康熙年间,一个名叫王致和的书生进京赶考,但是他落榜了,只好在京城定居下来,靠干自己的老本行"做豆腐"来维持生计。他心里暗暗盘算:我留在京城卖豆腐卖既可以做生意,又可以在这里读书,用更好的精神状态来应对考试。

有一天气温异常炎热,太阳火辣辣的,出门买菜、逛集市的人都非常少。王致和当天制作的豆腐有一大半没有卖出去,这使他非常烦恼。因为豆腐不像其他食品,它只要放半天就会变质。突然王致和急中生智,他想:"我可以把这些豆腐切成小块,加上盐和花椒,封进瓦罐里腌起来,这样豆腐不就不会坏了吗?"

王致和说干就干,把豆腐腌了起来。过了两天因为生意不好索性就把豆腐店给关了。

一直到秋天才有顾客上门来买豆腐,王致和的生意又红火了。王致和这才想起自己腌在瓦罐里的豆腐。可是等他打开瓦罐一看,发现里面原来白花花的豆腐已经发霉变臭了,成了青绿色的,显然已经变质了。

"变质的东西是不能吃的,但是就这么白白地倒掉,不是太浪费了吗?"王致和鼓足勇气尝了一口。出人意料的是:虽然这种豆腐闻起来臭,可是吃到嘴里是很香很醇的,还有一种诱人的回味。

王致和非常高兴,他马上把这些冒着香味的"臭豆腐"分赠给街坊邻居。让他们来品味一下,自己刚刚发明的"臭豆腐"。果然街坊们都纷纷竖起大拇指一再夸耀"臭豆腐"的美味。

因为臭豆腐既好吃,又价廉,深得老百姓的喜爱。到了光绪年间，慈禧太后品尝了臭豆腐后感觉美味无比，为了纪念臭豆腐的独特美味，还特意为它取名为"青方"，并且把它载入了御膳房菜谱。而王致和的名字，也随着他的臭豆腐的流传而"芳香"永世。

19 葡萄产地的救星

小朋友们，你们看过爸爸妈妈喝葡萄酒吗？知道哪里的葡萄生产出来的葡萄酒最著名、最爽滑可口吗？

现在来告诉你一个世界上生产葡萄和葡萄酒最出名的地方——法国波尔多。法国是全世界最大的葡萄酒产地，其中波尔多市生产的葡萄酒是最负盛名的。那里的水土适合葡萄生长，工人种植技术非常高超，所以葡萄特别适合酿酒，波尔多人也因此发了财。

可是有一次"露菌病"在波尔多的葡萄园中流行了起来，"露菌病"偷袭了波尔多葡萄园。得了"露菌病"的葡萄渐渐枯萎，甚至有的果园颗粒无收。

波尔多人眼睁睁地看着即将丰收的葡萄园感染"露菌病"，然后枯萎了，他们心急如焚。很多研究植物学家来到这里考察，想尽办法帮助果农们解决这个让人头痛的问题。专家们四处察访，终于发现，在波尔多还有一处葡萄园没有受到感染，而且长势非常喜人。

那个没有染上"露菌病"的葡萄园，是一个靠近路边的葡萄园，葡萄像往年一样长势非常旺盛。波尔多大学植物学教授米亚卢德从其他专家们嘴里听说了这件事，就亲自到那个没有感染的葡萄园去查询原因。

园主热情地接待了他，但是在询问一些关于果园的情况以及参观了果园之后，米亚卢德没有找到一点线索。就在他想要回去的时候，园主突然告诉他一个很重要的事情，他握着米亚卢德的手说："因为我的葡萄园在交通要道上，来来往往的人非常多，为了防止路人偷偷摘取葡萄，我每年都会用石灰水粉刷葡萄架，还要用硫酸铜进行喷洒。"园主笑了笑，又说："我的目的是让我的葡萄看起来很脏。又散发着石灰水和硫酸铜溶液的气味，让路人和害虫都不喜欢他们，就不会来吃我的葡萄了。不知道是不是因为这个原因而使我的葡萄园不会被'露菌病'感染？"

米亚卢德收集到了这条重要线索。他想："如果我把石灰水和硫酸铜溶液按一定比例配搭在一起，将他们充分混合后喷洒到葡萄上。当硫酸铜溶解后，产生了铜离子，这种铜离子不仅能杀死病菌，还可以使病菌不能繁殖。"

经过实验米亚卢德的设想大获成功，"露菌病"被彻底赶出了波尔多城。

最后米亚卢德研究出来一种最佳的配置比例——这就是我们现在常用的"波尔多液。"

20 罐头的发明

小朋友们，你们喜欢吃罐头食品吗？是不是觉得罐头食品又新鲜又好吃？我们现在讲述一个有罐装食品的罐头故事。

在18世纪末期，法国的拿破仑在行军打仗的时候总有一件非常难办的事，打仗时士兵所食用的蔬菜和水果不到一两天就变质了。

于是，拿破仑出了12000法郎的高价悬赏一个能够解决蔬菜水果不易变质的方法。

就这样，多年从事蜜饯食品加工业的普通商人阿贝尔，便跃跃欲试。但可惜的是无论阿贝尔怎么做实验，都没有任何的收获。

1840年夏天，阿贝尔煮沸了许多水果果汁，准备做甜点用。可巧的是做甜点的面粉用光了，于是他把沸腾的果汁倒入玻璃瓶里，然后用木塞将玻璃瓶塞紧后他就去做别的事情去了。

过了1个多月，做甜点的面粉到货了，阿贝尔突然想起玻璃瓶里的果汁还放着。于是他尝试着用刀子撬开软木塞。令人不可思议的是：木塞一撬掉，一股很浓的果汁香味扑鼻而来，没有一点馊味。这时阿贝尔大吃一惊，他想："我也可以按照这个方法来保存其他食品。"他边想边试着做实验。阿贝尔急匆匆地找来一些肉，然后把肉装进玻璃瓶里，把它蒸了2个小时，然后再用软木塞把玻璃瓶塞紧，最后阿贝尔还在瓶口处涂了一层封密用的腊。就这样，过了3个月，阿贝尔打开玻璃瓶，发觉玻璃瓶里的肉还是非常新鲜的。

阿贝尔如愿地得到了那笔奖金。而拿破仑的那些士兵们也吃到了非常新鲜的食物。

后来科学家们以阿贝尔发明的食物保鲜法为雏形进行了改进，又发明了铝制包装和铁皮包装的罐头——就是我们现在吃的罐头。

21 可乐瓶和百褶裙

众所周知，可口可乐是一种非常受欢迎的饮料。它既能止痛，又能解渴和提神，随便到哪个超市都能买到。

由于口感好，可口可乐受到了全世界人们的青睐。就在这时，可口可乐公司决定为自己公司的饮料制作一种全新的玻璃瓶，让顾客更喜欢喝可口可乐。

于是在各大媒体刊登了一则广告，广告的主要内容是征集一些玻璃瓶的设计。广告设计的内容是：外观漂亮，不易滑手，整体感觉容量多。除了广发英雄帖之外，还备了一笔巨额的赏金。社会各界人士都争先恐后地进行着自己的玻璃瓶设计方案。但出人意料的是，最终被选中的设计方案策划者，既不是科学家，也不是工程师，而是一位名叫路德的玻璃厂工人。

一次偶然的机会，路德在报纸上看到了可口可乐公司正在征集一些玻璃瓶的设计广告。他想："我天天都在跟玻璃瓶打交道，我何不去参加一下，设计一个既漂亮又实用的可乐瓶呢？"

这个年轻人非常有自己的打算，不顾家人的反对，跟工厂请了半年假，一心一意地待在家里设计玻璃可乐瓶，甚至冷落了心爱的女友。

就这样过了5个多月，他连一张使自己满意的图纸也没有画出来。女朋友怜惜地看着沮丧的路德，就打气说："嘿，路德，打起精神来，我还一直在你的身边呢，可不能放弃啊！"

路德听了这话立马抬起头，注视着女朋友。只见她穿着一件非常漂亮的百褶裙，而且原本偏瘦的身材，看起来圆润多了。

"亲爱的，你别动！"突然一个奇妙的构思闪现在路德的脑海中，"百褶裙的样子、外观上非常美，中间再设计成一个裙腰的样子，瓶子就不容易脱手了；'裙腰'上下的皱褶，又让可乐瓶看起来比实际装得多。"后来这款设计就诞生了。

他的设计击败了所有的竞争对手被可口可乐公司采纳，他也如愿以偿地得到了这笔丰厚的奖金。

直到现在，可口可乐公司还一直沿用路德设计的作品。

22 巧克力的制作

1519年，西班牙殖民者科尔特斯率领的探险队进入了墨西哥腹地，在那里他们披荆斩棘，跋山涉水，来到了一块高地上。队员们精疲力竭地斜靠在树旁休息。

恰巧有一队出外打猎的印第安人经过，为了表达对客人的友好，他们从行囊中取出一种植物的种子，碾成粉状，放到瓦罐中，加上水用火烧了起来，水沸腾后又加上一些树汁和胡椒粉，制成了一种香气四溢的饮料，送给探险队员们喝，队员们喝了之后个个精神百倍，轻松舒适。

科尔特斯率领的探险部队归来后，将这种饮料献给了西班牙国王。这种饮料就是我们现在所说的可可饮料。厨师在制作可可饮料时，融入了西班牙人的饮食特点，用带有甜味的蜂蜜代替了树汁和胡椒粉。国王喝完后，赞不绝口，从此整个西班牙掀起了一股喝可可饮料的热潮。随后，这种饮料传到了其他地方，风靡了整个欧洲。

众多商人看到了这一点，他们靠贩卖可可赚到了许多钱。西班牙的拉思科便是其中最成功的一位。他是一位聪明过人的经销商，经营食品多年，积累了丰富的经验，也赚了不少钱。有一天，拉思科在煮可可饮料时想："嗯，这个可可饮料虽然好喝，可是

煮着太麻烦了。要是能制成一种固体食品，脱去原来的苦涩味，既可以拿在手心里吃，或者水一冲就能喝，那就太好啦！"

为了实现这个奇思妙想他做了许多实验，浓缩、烘干、加蜂蜜调制，等等，终于制成了固体可可的饮料，这就是巧克力。直到现在，巧克力依然是最受欢迎的食品之一。

23 口香糖的由来

朋友们，你们吃过口香糖吗？喜不喜爱甜甜的、香香的口香糖？那么你们知道口香糖的由来吗？

从前，有一种树木叫"人心果树"，它生长在墨西哥附近的尤达岛上。一天，一个顽皮的小朋友用刀割开人心果树的树皮。在割开的地方，人心果树会像受伤的人一样慢慢流出一种汁液，黏黏的，可以黏住小昆虫。

当地有一位聪明的妇女，在看到这个情况后很受启发。她想："我可以从人心果树上收集一些胶液，加入蜂蜜，做成胶质软糖，把它当成零食来嚼，说不定还能给人带来快乐。"

于是她就按照自己想象中的那样制作出一种粉红色的软糖，供自己和村民们咀嚼。有意思的是：这种软糖入口不会溶化，在咀嚼的时候很有弹性，而且不粘牙。更有趣的是：当人在嚼软糖时，一边嚼一边会释放出微微的甜味和阵阵清香。

因为有弹性，一些妇女用它来吹泡泡。男人们觉得好惊奇，纷纷赶过来凑热闹，咀嚼完以后，嘴里发出淡淡的清香，连那些刺鼻的烟味也没有了，甚至还帮他们把口腔清理干净了呢。

这就是口香糖的诞生，是不是很平常？所以有的时候，实用的发明总是在琐碎的小事情中产生，而且看起来那么平淡无奇。在做的时候并没有过多地去想结果，只是因为感兴趣去做，这就是快乐。

28 狒狒的功劳

从前,在非洲南部高原一片草地上住着一群农民,他们世代以耕种和打猎维生,过着简单而幸福的生活,平淡又有规律。唯一美中不足的是这片草原是个干旱之地,降雨量很小,水资源匮乏。没有充足的水源灌溉庄稼,只能种一种耐干旱的植物,特别是到了旱季,饮水便会成为问题。居民们急得惶惶不安。许多人只能选择背井离乡,搬到自然条件比较好的地方去生活。

在那个草原上住着许多动物,狒狒就是其中一员。在和狒狒朝夕相处的一段时间里,居民们发现一个很特别的事情:它们从来不会为没有水喝而"搬家",这就说明它能找到水资源或者是对水特别敏感。于是,村民们想出了一个办法:"我们先将狒狒捉起来,喂给它们大把大把的盐,然后再将它们放走,我们就跟在后面"。试验果然成功了,被喂了大量食盐的狒狒,口渴得发狂,像脱了缰的野马一样,沿着高低不平的小路飞奔到一个十分隐蔽的山洞里。然后扑向一股溪水,狠狠地喝了起来。村民们喜出望外,他们再也不用为水资源而发愁了,可以过更加幸福而美满的生活了。

大自然的启迪

  我们人类的生活离不开对大自然的依赖：风能够创造电能，水是生命之源，土地是赖以生存的资源，更不必说各种矿藏

  那么风是如何发电的呢？水又是怎么从水管里出来的呢？各种矿藏通过什么方式转化为日常的能源呢？

  许多发明家都是在日常的生活习惯中受到大自然的启迪，才创造出许许多多对人类有用的事物的。

 看电影的提示

有道是"自古英雄出少年",曲本刚就是我国一个著名的少年发明家。

他是天津市四十一中的学生。有一次和同学一起到电影院里看《魔术师的奇遇》,这部立体效果的3D电影激起了他的浓厚兴趣。看完后便激动不已,心想:"想不到世界上还有这么神奇的电影!"

回到家以后,他把立体电影的事向妈妈一五一十地叙述了一遍:"妈妈,那部立体电影看了真过瘾!要是天天都有这样的电影就好了。可是在同一家电影院里,为什么有的电影是立体的,有的不是呢?"

"孩子,立体电影与一般的电影不一样,它在放映时的大银幕是非常特殊的,在看电影的时候,观众还必须戴上一副特制的眼镜。这样,才有立体电影的效果。"

"噢,原来如此!"他想,"我要是能发明一种眼镜,在观看普通电影时也能看到立体效果,该多好啊!"他把想法告诉了妈妈。

"别开玩笑了,大发明家们还没发明出来呢,你这个小孩子就这么大的能耐?"妈妈笑着抚摸着曲本刚的头,疼爱地说。

可是自尊心极强的曲本刚却一口咬定

自己能实现这个想法，他决定用事实证明自己能成功。

于是他就开始对立体眼镜进行研究，一次次地到电影院里看电影。把那副特殊的眼镜摘下来，戴上去，再摘下来，再戴上去，几次三番地重复这个动作，希望这样对比能找出一些规律。但遗憾的是，连续数月一无所获。

一天，幸运之神终于来到了他的身边，在一个旧书摊上他发现了一本书《眼屈光异常与配镜原理》，翻看了几页后就爱不释手了，激动得眼泪都要掉下来。他想："真是'踏破铁鞋无觅处，得来全不费工夫'，我可以多参考参考这本书，它对发明立体眼镜一定有用。"

于是他买了这本书，兴致勃勃地跑回了家。他开始全神贯注地开始阅读这本来之不易的书，刻苦钻研书中介绍的配镜原理，学会了用带有小孔的镜片观察物体，使它产生具有立体感的图像，并且具有色彩和层次。

"小孔镜片有立体感，可是要用多小的孔呢？我应该去试验一下再下定论。"曲本刚说干就干，先在镜片上钻了几个小孔。

于是曲本刚找来了一副普通的塑料眼镜，然后他把一根钢锥烧红，在眼镜片上扎了好几个小孔，往眼睛前一放，嘿，果然很有立体感。

"我再多扎些小孔，说不定效果会更好。"曲本刚激动极了，心想："我的立体眼镜就快要制作成功啦！"

他连续不断地在150毫米长的眼镜片上扎了350个小孔，终于制造出来一副与普通眼镜不一样的立体眼镜。曲本刚带着自己发明的立体眼镜看电视，果然电视屏幕上形成了立体的影像，而且非常逼真。

曲本刚仔细观察、对事物认真钻研，并成功发明了立体眼镜，填补了我国眼镜制造业的一项空白。

2 倾斜的宝塔

鲁班手艺高超，素有木匠鼻祖之称，是我国最著名的工匠之一。他除了发明锯子、雨伞和拱桥之外，还在苏州成功地把一座斜塔扶正了。

事情是这样的：

一天鲁班应邀赶往苏州参观古代建筑，就在他兴致勃勃地游览的时候，一阵严厉的斥责声传来。鲁班跑到那里一看，发现不远处有一些倾斜的宝塔。在塔边上站着一位穿着讲究、大腹便便的富翁和一名穿着寒酸、瘦骨嶙峋的工匠。

只见这名富翁斥责工匠："要么你给我重新修建，要么你把宝塔给扶正了。否则，我饶不了你！我把你送到官府惩办去！"

"大人，要是推倒重建，我就是卖儿卖女也没钱把这宝塔重建起来呀！"那位汉子伤心地说，后来还给富翁跪下恳求他原谅。

但是富翁还是不依不饶，说："那你就给我把宝塔扶正！"

鲁班听友人介绍："那位富翁是当地有钱有势的权贵，原本，他们家是为了积德行善，决定建造一座宝塔，使自己的名字和宝塔一样流芳百世。于是召集了一班能工巧匠来施工，工匠们日夜不停地建造，差不多花了三年的时间，才将这座宝塔建好。令人遗憾的是，经过三年时间筑造成的宝塔看上去非常壮观，但是有一点倾斜。工匠们花费了许多木料精心修造的宝塔，竟成了不能直立的斜塔。这位富翁十分恼火，认为这斜塔会使他成为众人的笑柄，违背了积德行善的初衷，所以迫使工匠把倾斜塔修整垂直。"

鲁班听完这件事的前后因果，连忙帮这位工匠解围，但是富翁仍然咄咄逼人。在万般无奈之下，鲁班答应富翁，帮助工匠来修正这座斜塔。

接下这个任务后，他思绪万千，走到宝塔前，里里外外仔细地观察了一番，然后要求那名工匠找来点儿木料备用。

工匠弄来了一些木料，疑虑重重地交给了鲁班。鲁班分析了一下塔的结构，又仔细地检查了塔体，想道："这座宝塔从工艺上讲还是很好的，结构很牢固。如果拆开重新建，不仅会破坏塔的整体形象还浪费了许多木料，花费的时间也太长，只能'智取'。可以尝试用木楔来扶正，把木料砍成一块块带斜面的小木楔，然后塞到倾斜的那一面。这能起到'四两拨千斤'的作用，而且从表面上又看不出来，不影响宝的美观，不是很好吗？"

鲁班一边想一边开始干起来，一个月以后，宝塔果然立直了。

等鲁班把这些事办好后，所有人都对他大加赞赏。从此用木楔来扶正建筑物的方法得到广泛地运用。

3 一盏吊灯的启示

时钟，在我们看来是一样非常普通的东西，但是你们有没有观察到它里面的钟摆？

1582年的一个早晨，秋高气爽，略微有些寒意。意大利著名物理学家兼天文学家伽利略，像往常那样早起来到了比萨大教堂做礼拜。

高大宽敞的教堂里，一盏悬挂在教堂中央的铜吊灯，吸引了伽利略的目光。他看到那盏吊灯被门外的风吹得左右摇摆。这个现象引起了他的注意，他在默默地观察着。这时门外又吹来了一阵风，吊灯便大幅度地摇摆起来。

伽利略急忙按住自己的脉搏，心中默默地数着数："1、2、3……"一共是20下。吊灯摆动的幅度越来越小，他再次按住自己的脉搏检查时，发现每次摆动的时间仍然是脉搏跳动20下所需要的时间。经过反复证实，吊灯左右摇摆一次所需的时间是相等的。

他回到家里，躺在床上彻夜难眠，大幅度摇摆的吊灯在他的脑海中挥之不去。于是他从床上跳下来，取来一根绳子，吊上一个重物让它自由地摆动。实验重复了许多次，最后他发现，物体摆动一次所需要的时间与物体的重量无关，而与绳子的长度有关。

他对这个现象思索了许久，然后又回忆起吊灯："吊灯摆动的幅度虽然不同，可是它所需要的时间好像是差不多的。如果说，吊灯摆动的时间是均匀的，那么可以利用这个原理，把等时性应用在计时工具上来计算时间"。他把这种摇摆规律命名为"摆的等时性"。

伽利略受到了启发，利用这个规律发明了"脉搏器"，后来又创造出了钟表，发明了天文钟。在教堂里挂了不知多久的铜吊灯，有成千上万的人都看到过它摇摆。但是又有谁发现了"摆的等时性"呢？

数十年后，1656年，荷兰科学家海更斯根据伽利略的"摆的等时性"，发明了各种走时准确的机械摆钟。

灵巧的双尖绣花针

绣花针是人们生活中的必备品。从古至今，绣花针都是一头针尖、一头针鼻儿。但是有一个小学生却颠覆了这个传统，制造出来有两个针尖的双尖绣花针。

这个小学生名叫王帆，他从小学一年级开始就爱开动脑筋，做点小发明。

有一天，王帆到姑姑家串门，姑姑正在那里刺绣，王帆就认真地观察姑姑刺绣的动作。只见姑姑一只手在绷（péng）面上，一只手在绷面下，双手交替倒腾线，一刻也闲不下来。

"姑姑你绣的荷花真好看！"王帆不禁赞叹道，"可是怎么这么辛苦啊？"

"是啊，在绷面上绣花是一件不容易的事。每绣一针，都要先扎下去，把线拉直，然后翻腕，随即掉转针头再扎上来，把线拉直，再翻腕，再扎下去，就这样不停地重复。"姑姑抬起了头，揉了揉眼睛，对王帆说："时间一长，眼睛都看花了，手腕累得发麻，又酸又疼。"

"我能不能发明出一种专门的刺绣针，不用翻腕的那种？有了它，姑姑以后刺绣就不会这么费神了。"王帆一边想着，一边自言自语。

"小帆真是个懂事的好孩子！如果你能设计出来，姑姑就带你到公园去玩，奖励你。"姑姑笑着说。

"一言为定！"王帆高兴地说。

回家以后，王帆一直把"不用翻腕的针"这件事儿放在心上，一直想着怎样才能制造出一根不用翻腕的绣花针。

有一次王帆做好了功课，像平常那样在家看电视。电视上在演渔民们织渔网，他们使用的是两头带尖的梭子，将网线穿在梭子中间，织起网来又快又好，根本不用翻腕。他灵机一动，心想："既然梭子可以把网线穿在中间，为什么绣花针不能呢？针眼儿可以设在中间，绣起花来就像渔民们织网那样快，不用翻转手腕。"于是说干就干，王帆找出了一根大头针，然后又翻出了小电钻，动手制作起来。

可是每一样发明和创造都是要经过失败的考验的，为了在大头针中间钻一个针眼儿，他努力了几十次都失败了，有点懊恼和着急。

父亲在一边看着，知道儿子在十分执着地做着一件他感兴趣的事情。于是他激励王帆沉住气，离成功不远了。在爸爸的鼓励下，他捏紧钻孔机的手柄，对准大头针的中央部位扎下去，终于在针上扎出了一个针眼儿。

就这样，第一根双尖绣花针诞生了。他激动地拿着自己的发明去找姑姑，让她和邻居们试用。听她们的反馈意见后，得到了一致的好评，他欣慰极了。就这样祖祖辈辈传下来的绣花针改朝换代了。

他的双尖绣花针在第四届全国青少年科学发明创造比赛中，荣获武汉市义烈巷小学发明创造一等奖，为人们的生活增添了一抹春意。

5 水元素的组成

在很久很久以前，一个普通的下午，天气晴朗，阳光灿烂。在英国一家小剧院里，笑语不断，非常热闹，剧场内还不时爆发出一阵阵雷鸣般的掌声。

一场魔术表演正在这里进行。舞台上，穿着燕尾服的魔术师，正在给大家表演一个名叫"铁盒淌汗"的魔术。观众们看到他把氢气通入一个擦干的铁盒里，然后点燃，就看见铁盒里冒出一股白烟来，接着是"啪"的一声巨响。魔术师立即拿起铁盒，向观众展示："大家看哪，铁盒出汗啦！"

观众们看到，刚才干燥的铁盒出现了许许多多的小水滴，就像人出了汗一样，不禁为魔术师的技艺鼓掌雷鸣。

这精彩的表演被英国著名化学家卡文迪许看到了。他出身于贵族官僚家庭里，但是为了实现理想和抱负，毅然放弃了安逸奢华的生活，投身于科学研究工作中去。看完后，他对这个表演产生了极大的兴趣，立即回到实验室，做起了与这个魔术相仿的实验。

他在实验室里，小心翼翼地把氢气和氧气混合在一起，然后点燃，发现每次爆炸后，容器壁上都挂满了小水滴。

他非常纳闷："这些水是从哪里来的？难道是容器没有擦干，造成的？"于是卡文迪许把容器擦得干干净净的，然后又重复了一遍刚才这个实验，得到的结果是一样的。

卡文迪许继续进行了许多实验，最后还是会产生氢氧化合物。也就是说氢气和氧气在火中燃烧，两者结合产生水。人类由此开始，不断地揭开了物质化合的神秘面纱。

6 美丽的七色彩带

红外线是一种温度较高的光线，可以用来取暖、加热食物。它廉价、安全、高效，因此被广泛得应用于不同的领域。人们根据这些特性又制造出了许许多多的家用电器。

那么最初红外线是怎么被发现，又是怎么测试出它的温度的特点呢？现在，我们就来讲述一个和红外线有关的事实。

1800年的一天，春光明媚，阳光灿烂，年逾花甲的英国天文学家赫歇尔，正在仔细地观察三棱镜折射出来的七色彩带。

忽然一个灵感在他的脑海里闪现："阳光带有热量，组成太阳光的七种单色光肯定也含有热量，哪一种携带的热量最多呢？测得了每种单光的温度不就知道了吗？"

于是赫歇尔在实验室的墙壁上贴了一张白纸，让七色光带照在纸面上。在光带红、橙、黄、绿、青、蓝、紫以及红光区以外和紫光区以外的位置上各放置了一支温度表，他观察到，绿光区的温度上升了3℃，紫光区的温度上升了2℃，紫光区以外的位置上温度计几乎没有变化……然而令他吃惊的是，红光区外的温度计的读数竟上升了7℃。

接着赫歇尔又对这七种光线进行了深入的研究，然后他得出结论：在红光区外一定还有某种人眼看不见的光线，并且这种光线携带的热量最多。

之后，通过科学界人士无数次的实验，证明了赫歇尔的观点是正确的。在红光区外的确有着某种肉眼看不见的光线，并且这种光线携带的热量的确是最多的。

然后科学家们把赫歇尔发现的这种看不见的光线命名为红外线，而赫歇尔也和他发现的红外线一样，永世流芳。

长牙齿的邮票

亲爱的小朋友们，你们看到过邮票吗？有没有注意到邮票上的一个个"小牙齿"？你们知道这是怎么来的吗？现在，就让我来告诉你们。

1840年，英国发行了世界上第一枚邮票。那时候的邮票一个个的整齐并排、中间毫无缝隙地印在一张大纸上，然后用剪刀剪下来。

1848年的冬天，一位名叫亚瑟·亨利的新闻记者在饭店里喝酒。他喝完酒后拿出写好的新闻资料来翻阅，整理好后便把稿件放进了信封里准备把资料寄出去，但是发现邮票还没有撕下来。他没带剪刀，向别人借别人也没带。

他抓了抓头皮，想到了西装上别着一枚曲别针，便灵机一动。"这有什么的啊，我用曲别针在邮票四周扎上小洞，就可以撕下来了。"亚瑟·亨利边想边做了起来，结果很有效，他成功地把邮票撕下来了。

根据亚瑟·亨利的做法，一位商人设计出了邮票打孔机。在打孔机打过的地方，沿边出现一串小洞，撕下后出现了"牙齿"。

经过反复的改良和创新后，这位商人发明的邮票打孔机被英国政府收纳并投入了使用。同年，英国发行了世界上第一枚有"牙齿"的邮票。

直到现在，我们还在使用着这种的带有"牙齿"的邮票。

8 奇特的 X 射线

拍摄 X 射线图,是人类进行内脏和骨骼检查的重要步骤之一,每一家医院都具备这样的检查条件。

X 射线有一个好听的名字,叫伦琴射线。这是人们借用发现 X 射线的物理家——伦琴的名字命名的。

对于 X 射线,民间流传着一个有趣的故事。1895 年,德国物理学家伦琴正在实验室里研究阴极射线的荧光现象。他端坐在实验室里观察高真空放电管时意外地发现,距离放电管两米远的涂有铂氰化钡的屏上发出了荧光,而当放电管停止放电时,荧光也随之消失。

这一现象引起了伦琴的极大兴趣,他想:"屏上的荧光是由放电管引起的,但是阴极射线只能穿透几厘米的空气,不可能达到那么远。那么它到底是什么呢?"伦琴像是发现了珍宝一样,对这个现象异常着迷,并决定展开研究。

还是通过实验来解决:他把屏移到更远的地方,或用黑纸把放电管包起来,然后重复刚才的实验。但是屏上依然有荧光,X 代表未知,伦琴给这种神秘的光线命名为 X 射线。

接着伦琴又做了大量的实验,来证实这种射线与阴极射线具有不同的性质。如,X 射线不受磁场影响不会产生偏转;使密封的底片感光;可以穿过薄金属薄片;甚至可以把衣服内的钱币或手掌骨骼呈现在照片上。这是一件多么令人惊奇的事啊!伦琴从未觉着还有什么事比这个更让人高兴。

在他发现 X 射线后,他的夫人既好奇又惊喜,甚至有点不敢相信。伦琴为了证明自己的成果,跟妻子开了一个小小的玩笑:他把她的手放在 X 射线前拍了一张照片,然后冲洗出底片给她看。毫无心理准备的伦琴夫人看到底片上自己的骨骼形状后,吓得魂不附体，对着底片大叫。看着妻子恐惧的样子，伦琴激动地抱着妻子安慰道："别害怕，它不过是你身体里的骨头。这下你可以相信我了吧，我真的发现了 X 射线！这种神秘的光线，将会使全世界震惊。"

果然不出所料，伦琴的发现在科学界引起了轰动。全世界的科学家们对它都极其感兴趣，引发了新一轮的 X 射线研究热潮。那时候，X 光作为一种娱乐工具在许多贵族显赫中风靡开来，许多人为能照射到 X 射线、对别人展示自己的骨骼和内脏器官而感到很前卫、与众不同，都争着抢着去做。直到有家权威机构宣布 X 光对人体细胞有杀伤性的作用以后，那些权贵显赫才停止了对 X 射线的狂热迷恋。

后来，医学界对 X 光的特性研究后，想到是否可以把它用在诊断和内部结构检测上呢？

现在，当我们去医院看病的时候，可以看到每个医院都设有放射科，大量的疾病可以用 X 射线进行拍摄检查出病灶，根据片子分析出病因和病根所在。然而在此以前，病人仅仅是依靠医生的推测和临床经验来发现疾病，可以毫不夸张地说，X 射线在医学诊断上做出了巨大贡献。

除了在医学上的应用，X 射线在墙面、地基及物体探测上，作用也相当显著。

鉴于伦琴发现了 X 射线，并进行了广泛地推广，使之应用于多个领域，人们封他为 20 世纪最伟大的物理学家之一。

9 火箭之父的故事

朋友们，你们在电视里面看到过火箭升空吗？是不是也希望和宇航员叔叔一样，到外太空去玩、探索宇宙的奥秘？下面我们就来讲一个关于火箭发明的故事。

齐奥尔科夫斯基是俄罗斯一位的著名科学家，他推行了火箭发射必须遵循的基本公式，奠定了火箭成功升空的基础，被人们一致公认为"火箭之父"。

齐奥尔科夫斯基出生于俄国的一个小村庄，自幼喜欢读书和观察周围的事物。

在一次学习中，他偶然读到了一本名叫《月亮上的旅行》的书。看完后，他像着了魔一样天天梦想着自己可以到月球上去玩，在那里自由自在地生活。在那之后，他开始搜集许多有关飞行器的书籍，潜心研究。直到1883年的一个星期六，他有了重大发现。

那天他照旧去一家酒吧喝酒，和朋友们聊天，一边惬意地喝啤酒，一边观察酒店里工人们辛勤地工作，他们从地窖里费力地往外搬运一桶又一桶装满啤酒的大桶。

突然一个啤酒桶的木塞被冲飞了，气压竟然将桶子推到了半空中。

齐奥尔科夫斯基被这个现象惊呆了："天啊，啤酒桶里的气体居然有这么大的推动力！那么我可以推断出这样一个事情：有一个贮有压缩气体的大桶，当桶的底端被打开后，强烈的压缩气体就会喷涌出来，它所产生的巨大推动力可以不断地推动自身向前运动，直到气体耗尽。"

"我为什么不把它用在太空飞行中去呢？这么重要的原理，太难得了。"

根据这个发现，他试着绘制出了一张火箭设计图。过去了许多年，他不断改进着整张设计图，不断地研究，全身心地投入到火箭的设计和计算中去。最终，他的研究成果对人类到外太空探索做出了卓越的贡献，被人们尊称为"火箭之父"。

10 牛顿的故事

牛顿是一位非常伟大的科学家。他在概括和总结前人研究成果的基础上，通过自己的观察和实验，提出了"运动三定律"。少年时代的牛顿不像其他名人一样，从小就显露出引人瞩目的科学天分，而是跟大多数人一样，轻松愉快地度过了中学时代。

直到15岁那年，一场罕见的暴风雨侵袭英格兰。狂风怒吼中，牛顿家的房子直晃悠，就像要倒了似的。牛顿被大自然的威力给迷住了，他想："这正是测验飓风力量的最佳时机。"他冒着狂风暴雨在后院子里，一会儿逆风跑、一会儿顺风跳来测算飓风的力量。为了接受更多的风力，他索性敞开斗篷向上飞跃，认准起落点，仔细量距离，看狂风把他吹成文档。

1661年牛顿考上了剑桥大学。

他经常到他父亲的庄园里读书和散步。有一天，一颗大大的苹果突然从他经常散步的地方落下来，引起了他的关注："苹果为什么会落地呢？他怎么不朝天上飞去呢？一定是有什么力量在牵引着它。"于是，在苹果落地的启发下，他发现了万有引力，并把力学确立为完整、严密、系统的学科。

11 旱冰鞋的由来

旱冰鞋是一种改良过的溜冰鞋，它为许多溜冰爱好者们带来了无穷的乐趣。

"为什么老想着溜冰场呢？到处溜达溜达不也挺快乐的吗？"在冬天的一个早晨，一位朋友在与杰克闲聊时抱怨道。

杰克是美国一位普通的小公务员，他每天都扎堆在文书抄写的工作中，生活枯燥无味。对于他来说，只有节假日到溜冰场去溜冰，才能使他开心。

可是就算去最普通的溜冰场，门票价格也不菲，杰克频频光顾溜冰场，挣的工资还不够溜冰用的呢。所以这个爱好，使他感到经济拮据。

冬天是个好季节，到处都有积雪，对于杰克来说，可以免费享受溜冰。可是在春、夏、秋三个季节，没有冰的时候就只能去溜冰场了。

杰克思索了半天，他决定想出一个方案，既能四季溜冰又不花费很多费用。

这时候，朋友的一个"溜"字使杰克眼前一亮，他灵机一动："溜冰，不就是一个'溜'字嘛！想一个办法在马路上溜来溜去，就行了。"接着他又想："要是在鞋子上安装滚轮，在地面上就能溜冰了。"

杰克购买了一双鞋和一些塑料轮子，然后把它们组装起来，接着再进行一些改良，就这样世界上第一双旱冰鞋发明出来了。

为了测试这双旱冰鞋的性能，杰克把鞋子穿上在水泥路上试滑，非常平稳，居然和在溜冰场里的感觉相差无几。然后他立即向专利局申请了专利。

很快，杰克发明的旱冰鞋风靡了全世界，成为众多溜冰爱好者的装备。

12 磁电感应之父的故事

1831年,迈克尔·法拉第发现了"电磁感应",并且利用这一原理制造出了世界上第一台"发电机"。为了纪念法拉第做出的杰出贡献,1831年,英国皇家学院授予了法拉第教授头衔。能够得到这么崇高的头衔,对于法拉第来说,是多么不容易啊!

法拉第出生在一个贫穷的铁匠家庭,在他13岁那年,父亲送他到书铺里当学徒。从此他过着四处奔波,风餐露宿的生活,用辛勤的劳动换取微薄收入。这份工作对于他来说最有乐趣的是,可以偷偷阅读书铺里那些永远也读不完的书。

"一根玻璃棒,在一块毛皮上摩擦几下就能产生静电,可以吸起一片纸屑?真是太奇妙了。"有一次,法拉第从《大英百科全书》里看到了玛西特夫人讲述的实验,法拉第感到特别惊奇,于是他就依葫芦画瓢地按照书中的内容演示起来。从此,他热衷于所有书里提到的物理与化学的实验,总是想探索个究竟。

有时,他跑到药房里去拣一些废弃的小瓶子,用自己攒下的微薄收入购买一点便宜的药品……法拉第躲在自己的小阁楼里搞着实验,他想:"我一定要把这种现象的原因解释出来,否则,我就浪费了一个最好的机会。"

一个偶然的机遇,法拉第认识了化学家戴维。戴维在当时是个发现了多种新元素的伟大化学家,他十分看好法拉第,对他格外爱惜。甚至把他带到了英国皇家学院,给他安排了一份实验室助手的工作。戴维创造了十分宽裕的条件——皇家学院的实验室,使得法拉第可以专心致志地开展研究工作,大刀阔斧地发挥他在物理和化学方面的潜能。他在那里进行了磁和电的研究实验。

当时，科学家们已经证实了电可以转变成磁，磁能不能转化成电还是个未知。这一点对当时的科学界来讲至关重要，它是人类能否驾驭电、使用电的转折点。法拉第决心把问题弄明白。

在此之前，他已经完成了电磁学上的一个重要实验。就是在玻璃缸中央位置上立一根磁棒，倒上水银以后，让磁极的一端露出来，再用一根长长的铜丝缠绕住一根软木，放到水银缸里面。将导线一端接在磁棒上，另一端与软木一头的铜丝连接，另一头的铜丝与磁棒的另一极连起来。这样，电源接通后，导线马上开始移动了……这个实验在电磁学上是一个很大的突破。

在那之后，法拉第满脑子都是"磁是否能转变成电"这个问题，他的口袋里总是放着一个电磁线圈的模型，一有空就拿出来看看，仔细地研究研究。有时候自言自语，有时候索性一头扎进实验室里不肯出来。

1831年10月17日，法拉第的实验终于成功了。他把磁棒在线圈中运动所产生出来的电流，叫作"磁电"。这种感应叫作"电磁感应"。

1833年，英国皇家学院授予迈克尔·法拉第教授的头衔。就这样法拉第从一个没有受过正规教育的书铺学徒，到堂堂学府著名教授的历程成为科学史上一段佳话。

发现"电磁感应"后，法拉第加快了他的研究步伐，利用"电磁感应"原理制造出了世界上第一台发电机。有了发电机和变压器，人类就能大量生产电了。从此电从实验室走向了百姓家，成为学习、工作和生活中重要的能源之一。

13 刺绣带来的启发

小朋友们，你们喜欢画画吗？我们现在就来讲一个有关画画的故事。

在很久以前，有一个小孩名叫阿明。阿明非常会画画，经常受到老师的表扬。

有一次，美术老师布置了一个作业，要求同学们都来画一幅农家小院的图。阿明坐在自家的院子里，拿出纸和笔开始画眼前的景象。"画得真好！"站在一边的爷爷抑制不住地赞许道。

阿明被爷爷的夸赞声吓了一跳，还没有来得及收画笔，就把一小块颜料滴在上面了。

"爷爷，都是你不好，把我的画弄脏了，你赔你赔。"阿明委屈地说。爷爷看着可爱的小孙子，抱歉地说："爷爷刚才看你画画看了很久，等你画完才说话的。不信，爷爷赔给你一根冰棍怎么样？"

过了一会，阿明啃着冰棍问爷爷："那我们现在怎么办呀？"

爷爷说："当你面对无法改变的事物，而无能为力的时候，就要从改变自己的想法做起。"

这时，阿明顺手拿出妈妈给的绣着自己名字的手帕来擦鼻子。突然他灵机一动："妈妈曾经说过，她小的时候如果衣服穿破了，就直接在破的洞口处，绣一朵小花，不仅能遮掩洞口，还非常漂亮。"

阿明低头看了看自己的那幅画，发现这个小点正好在院子门口。挠了挠头皮，突然有了一个想法："为什么不画一只小狗呢？小狗在院子门口看家，这是很常见的事。这个小圆点就是小狗身上的斑点，画上一只斑点狗在门口看家，不就可以更有生气吗？"

上学后，老师给阿明的画打了很高的分数，还表扬了他观察仔细，作品活泼生动。

14 人工制造的宝石

早在 19 世纪，金刚石作为一种名贵的装饰物在欧洲市场上非常紧俏。贵妇们大都喜欢把昂贵的金刚石镶嵌在各类首饰中，佩戴在身上，富丽堂皇，又光彩照人。

可是天然的金刚石产量非常少，根本无法满足人们的需求。

当时莫瓦桑是早先在药店做过学徒的法国化学家，他看到市场上对金刚石需求量非常庞大的现状后，心想："能不能用人造金刚石来满足需求呢？那样就解决了供求关系紧张的局面了。人类用手把石头变成'金子'——这将是一项非常有意义的发明，而且会有非常广阔的前景。"于是这位充满幻想和抱负的有为青年在化学界科研人士的嘲笑中，开始了艰难的造石计划。

由于人们在陨石里面发现了石墨和碳这两种元素和天然金刚石里面的成分相同。这就说明，金刚石是由石墨和碳在特殊的外界条件下转化而成的。

莫瓦桑在研究中发现，要使石墨和碳转化成金刚石，就必须施加强大的压力。他用尽了各种方法对石墨和碳进行加压，比如挤压和撞击，等等，希望它们能够在高温高压下变成金刚石，但是并没有成效。渐渐地，一次次的失败让他头痛不已，可是他又不甘心，这就使他越挫越勇，坚信自己会成功。每一次实验无论是成功还是失败，都成了他的宝贵经验，让他坚定了继续探索下去的意志和决心。

后来经过数不清的反复实验，他终于想到了用"热胀冷缩"的原理来给石墨和碳加压。他设计了一种特殊的装置，在熔化的铁液中掺入了少量的碳，使之和铁液混合在一起产生化学反应，然后把烧红的铁液倒入冷水中，即刻产生了强烈的嘶鸣声，一团团水蒸气迅速升起。瞬时一股强大的压力产生，铁液变成了固体，上面附着（zhuó）着一颗颗很小的结晶体，这一招果然奏效了。这就是第一批人造金刚石。

经权威机构测试：这种新物质，比天然金刚石略黑，不那么熠熠生光，但是硬度比一般的物质强多了，用来打磨其他物体真是绰绰有余。

后来法国科学院经过不断测试和论证，慎重地向全世界公布了人造金刚石的诞生：贵重的金刚石，完全可以用碳作为原料，使用特殊的方法制造出来。

随后，人造金刚石便被人类不断地用于各种必需品的生产和加工制作中，成为生活和工作中不可或缺的物质。

15 两个铁球得出的结论

早在古希腊，亚里士多德就认为："物体降落的速度和物体的重量成正比。"一千八百年间，人们一直把这个学说当作真理一样对待。

但是有一位叫伽利略的青年却大胆地对亚里士多德的学进行了反驳。他的观点是："如果两个不同重量的物体同时从空中年下落，将会是同时坠地。"

这个观点在当时引起了轩然大波，遭到了各方人士的唾弃和猛烈攻击。有人说："千百年来，先贤们都没有否定过的事实，他要来否定，莫非他比我们的先贤更优秀？真是太自不量力了。"更有人恶劣地讽刺："伽利略是个疯子、科学界的败类、社会的残渣……"。

各种各样的人身攻击一起向伽利略袭来，但是他却坚守着自己的理论，他要用事实证明自己的理论是正确的，让全世界都接受这个观点。为了达到目的，他反复思考着证明的方法。

有一天，伽利略来到城墙下散步，两个大小不一的土疙瘩从眼前落下，同时坠地。这件小事给了伽利略很大启发，他惊喜万分："对，要在比萨斜塔上做这个实验，给那些不相信真理的人一个漂亮的反击。"伽利略越想越开心，边走边"嘿嘿"地笑了起来。

在一个阳光明媚的早晨，那些权威人士和教授穿着紫色的长袍，整齐地排列着队伍来到塔前，个个摆出了一副盛气凌人的样子。前来观看的人非常多，大家都议论纷纷。

太阳渐渐地升高了，只见伽利略迎着朝阳一步一步地登上了比萨斜塔。当他看见塔下熙熙攘攘的人群时，大声呼喊："请看清楚，铁球就要下落了。"说完，两个重量分别为一百磅和一磅

的铁球从五十多米高的塔上往下落。

　　塔下有很多人为伽利略捏了一把汗,他们目不转睛地盯着铁球,只听"咚"的一声,两个铁球同时落地了。

　　这时塔下的人群一阵骚动,那些权威人士和教授们的威风一扫而光,个个都目瞪口呆。有些人则为伽利略感到自豪和高兴,不由得呐喊欢呼。

　　这个实验揭开了自由落体的秘密,推翻了亚里士多德的学说,并且在物理学的历史上具有划时代意义。

16 跳动的阳光带来的发明

晴天，充足的阳光照在身上，暖暖的，非常舒服，它不仅能杀菌，还可以补充钙质。

太阳光对于人类的益处真是多得数不清，镜式电流电报机就是根据跳动的阳光的原理发明的。

很久以前，英国人在铺设大西洋海底电缆时，遇到了一个难题，电缆的信号太弱，现有的电报机接收不到。经过再三商议，决定这个问题由英国学者威廉·汤姆生来解决。

汤姆生接受了这项任务，深感责任重大。他想："只有放大信号，才能解决这个问题。"他整天埋头于电缆终端电信号的资料中，废寝忘食地做着各种推理和实验。

一天早晨，阳光普照大地，春意盎然。两个关心汤姆生的好兄弟不愿意看他整日一筹莫展、苦苦思索的样子，便邀他一起去看海，放松一下心情。

他们来到了海边，瞭望着一望无际的大海。汤姆生的思绪也像这大海一样，此起彼伏。之后他们登上游艇，去远一点的地方游览。玩了一会之后人们突然发现，汤姆生不见了，大家十分着急，分头去找。不一会儿有人发现他在船舱里面，正专心致志地画设计图。

"他还是在继续思考他的海底电缆"，船上的伙伴们被汤姆生这种敬业的精神深深地打动了，"怎样才能让他更好地休息一下呢？"大家你一句我一句地讨论着，但是终究没有想到办法。

正在他们议论着拿不定主意的时候，一个调皮鬼从行囊里取出了一面小镜子，对着太阳不停地移动，最后使阳光反射到汤姆生的脸上。只见光点在他的脸上不停地跳动，照得他无法睁开眼，不停地躲闪。

当又一次阳光照射到汤姆生的眼睛上时,他好像吃了兴奋剂一样,突然大声喊道:"我要成功了,我要成功啦!我找到新的解决方案了,我找到啦!"汤姆生紧紧抱住那个调皮鬼旋转了几圈,然后拿过镜子,高高地举过头顶以示胜利。

他反光中得到了启示:"对着阳光的镜子,只要稍微挪动一点,哪怕是很小的角度,远处的光点也会大幅度地跳越,这就是放大呀!"

此时,汤姆生的思维像着了魔似的飞回了实验室,朋友们立即将游艇往回开送他回去。

汤姆生根据这个反射光的放大原理,发明了一种"镜式电流电报机",这种新型电报机灵敏度极高,解决了海底电缆信号接收薄弱的难题。

等到海底电缆修复完后,人们都沉浸在成功的喜悦之中,更加感谢项目功臣——汤姆生。他的发明被载入了史册,成为人类通信史上的一座新里程碑。

17 大陆漂移的学说

在远古时代世界上的七大洲是连接在一起的，经过许多年的漂移慢慢地才分成七块，成为现在的亚洲、欧洲、非洲、北美洲、南美洲、大洋洲和南极洲这七大块。这就是"大陆漂移学说"，它是由20世纪德国气象学家魏格纳发现的。

1910年，魏格纳因为蛀牙问题去牙科医生那里就诊，在排队的时间里他注意到了一张世界地图。"大西洋两岸的轮廓，竟然这么相互映衬，太神奇了！魏格纳一边看一边想，"也许在远古时期，地球上的陆地就是一整块的，后来随着地壳运动分裂开了，逐步形成了今天的格局。"魏格纳一边想着，一边兴奋地跳了起来，径直往家里跑去。他决定一探究竟，把事情弄个清楚。

魏格纳对地球上的每一块陆地，进行了深入而仔细的研究。他在研究后得出了这样一个结论：如果没有海洋的话，地球上所有的陆地都可以拼在一起！

魏格纳把自己的想法公之于世，却得到了所有人的嘲笑。他们讽刺：魏格纳是井底之蛙，尽然会产生这种幼稚可笑的想法！

魏格纳为了这个非常大胆的设想，开始了全面收集资料。两年以后，他提出了"大陆漂移假说"，并推出了《海的起源》一书，以证明他的设想是有依据的也是对的。

"大陆漂移假说"在当时是一门新兴的学说，它大大动摇了传统地质学的理论基础。许多权威人士都站出来继续表示否定和嘲讽。魏格纳毫不犹豫地进行着反击，还曾先后四次横跨格陵兰岛进行探险，以求找到更多的数据和资料来证实自己的观点。

不幸的是在1930年魏格纳在探险中遇难，他逝世后，人们逐渐对科学有了新的认识，所有人都接受了魏格纳的"大陆漂移假说"。并升华成了质学中的板块构造学说。

就这样，地球的"真面目"暴露在了人们的面前。可以说，魏格纳的"大陆漂移假说"是为人类地质学发展迈出了非常重要的一步。

18 西服的设计

西服大方得体，做工精细，笔挺潇洒，是众多场合中的首选。人们穿上它之后变得精神百倍、尊贵高雅。因此，西服得到了全世界人们的青睐。

那么你们知道西服是由谁发明的，又是由谁改良而形成现在我们看到的款式吗？现在，我们就罗列一下西服的由来和改良的趣事。

发明西服的人是贵族青年菲利普。菲利普有一个嗜好，就是钓鱼。

有一次，他踏上捕鱼船跟随渔民到大海里钓鱼。他将鱼钩抛到大海中，耐心地等待着。不一会儿，有一条大鱼上钩了。菲利普一边竖起钓竿迅速收线，一边目不转睛地盯着水面，一条活蹦乱跳的大鱼露了出来。他用力一拉，"啪"的一声鱼到了船舱。由于用力过猛，上身的衣服坏了，掉了两颗纽扣。菲利普不高兴了，虽然钓到了鱼但是衣服坏了。他看到身边的渔民钓了许许多多的鱼，可是没有一个人的衣服因此坏了。他们穿的是敞领少扣的制服，非常轻便，在捕鱼的时候伸展得开，不会掉落一粒纽扣。"这种紧领多扣的衣服好像不太适合钓鱼"，菲利普想，"既然渔民们的制服轻便又活动得开，为什么不照着他们的式样多做两件，自己

穿呢？"

于是他立即回家，吩咐裁缝们按照渔民制服的样式设计出一款新型服装。由于它轻便又便于活动，很快流行开来。这就是西服的雏形。

第一个给西服后面开衩的是约翰。

约翰是英国伦敦一名贵族的车夫。那个时代，盛行西服。贵族们常常为了炫耀自己的身份，让马车夫也跟着穿西服。

可是令人懊恼的是：这种西服穿在马夫身上非常不利落。因为衣服前襟短后襟长，车夫们赶完马车都会把后襟坐得皱巴巴的，然后回到家都要把西服熨烫一番，非常麻烦。

于是约翰想："能不能设计出一款不用频繁熨烫的衣服呢？我在赶马车的时候就坐不着后襟了。"经过反复观察，他决定把西服的后襟剪开，形成一条小衩。试穿后他觉得还不错，非常方便。就这样，后襟剪开式的西服诞生了。

约翰的主人看到约翰穿着一套行动方便的西服，看上去很精神，就觉得这很时髦。又想到自己需要经常骑自行车，也应该备上一套，上下方便又不会坐皱，于是就找裁缝为自己做了一套和约翰一模一样的衣服。后来别的贵族看到这款新式西服都非常喜欢，竞相模仿。渐渐地这种后面开衩的西服流行起来了，燕尾服就是由此得来的。

普鲁士国王腓特烈二世是一位颇负盛名的皇帝，也是第一个给西服袖口上加扣子的设计者。早在两百多年前，他对战争异常地热衷，野心勃勃，一心想发动战争征服世界，自称为军事"天才"。

有一次这位皇帝按照惯例检阅士兵，在检阅时发现将士们的袖口上都是脏兮兮的，而且磨损得油光锃亮，十分生气地呵斥道："这是怎么回事？你们还懂不懂卫生，这是什么军容？"

一名军官见状，赶忙跑到国王面前说："报告陛下，士兵们在前线打仗非常艰苦，也来不及擦汗。即使是在平时的训练中，也没有时间掏出手帕擦汗，所以只好用袖口来擦一擦了，请陛下原谅。"

"嗯。"国王点了点头，然后回到了宫中。他想："我虽然理解他们非常辛苦，但是这个习惯很不好，多影响军容啊！有什么办法可以强制改进呢？如果在袖口上缝几个金属扣，士兵们擦汗时就会很别扭，因为很不舒服，稍不注意还会划破脸，渐渐地可能就不用袖口擦汗了。"

普鲁士国王腓特烈二世皇帝考虑了好长时间，终于决定按照自己的想法制作出一批袖口带有扣子的西服来，然后命令所有的士兵全都穿上。这样，看上去既美观又十分简洁。

看到普鲁士士兵们穿上了由国王亲自改良的新款西服，贵族们觉得既美观又大方，便竞相模仿。从此，带扣子的西服便传播开来，甚至民间也穿。逐渐地，西服在全球风靡起来。

19 女性的最爱——高跟鞋

高跟鞋是女人的最爱，不管是成熟的女性还是懵懂少女，都喜欢穿上一双高跟鞋，展现婀娜多姿的身材和高贵的气质。但是人们发明高跟鞋的初衷，可不是为了展现女人的魅力，而是为了锁住女人。

十五世纪的一位威尼斯商人经常要出门做生意，又担心妻子会外出风流，因此十分担心，迟迟不肯离开。

这一日，威尼斯突然下起大雨，他行走在街道上，鞋后跟沾了许多泥巴。开始时，他并不在意，谁知泥巴越积越多，鞋跟也越来越高，走起路来越来越艰难。商人厌烦地踩着鞋后跟的泥巴，突然脑中灵光一闪，他想：威尼斯是座水上城市，船是主要交通工具，妻子的鞋后跟如果很高的话就无法在跳板上行走，这样就可以把她困在家里了。

怀着这样的心思，威尼斯商人为妻子制作了一双高跟鞋。他本以为妻子穿上后会老实待在家里，谁知道妻子穿上这双鞋子后，身材显得更加婀娜多姿，兴奋的她在佣人的陪伴下，上船下船，到处游玩，惹得路人纷纷侧目。

这件事情传开之后，许多追求时髦的女士争相效仿，高跟鞋很快流行起来。

20 雨衣的发明

雨衣是一种非常简单的防雨工具，制作起来也很便捷，但它的发明过程却很曲折。最早的雨衣出现在19世纪20年代，叫作"麦金托什雨衣"。

麦金托什是英国的一名橡胶工人。家境贫困，连雨伞都买不

起，所以在下雨天都只能冒雨出行。

有一天，麦金托什在工作时不小心打翻了橡胶汁，衣服和裤子上沾得到处都是，擦也擦不掉。这时天色已晚，他只好穿着这身脏衣服回家。外面阴雨绵绵，麦金托什冒雨回到家中，却惊讶地发现，脏衣服表面洒满了水珠，而下面的衣服一点没被淋湿。他猜想是不是橡胶汁有防水的效果，于是用橡胶汁涂满原来那件脏衣裤，做成了世界上第一件胶布雨衣。

不过这件雨衣穿起来很不舒服，因为橡胶在冬天会变硬，夏天则松软粘手。于是麦金托什经过多次试验，用橡胶和松节油混合起来，浸泡棉布，制成了质地较好的胶布雨衣。

丰富的想象

21 海底的水下探索仪

法国渔船一个偶然的发现,给科学家带来了启示,发明了水下探索仪,被称为科学史上的一大趣闻。

1926年,时值夏日,茫茫大海上,一艘法国轮船正缓缓前行。这时,船上用来探测海底深度的探索仪上,反复出现奇怪的信号。

"这是怎么回事?"船长和船上的几名技术人员都感到莫名其妙,他们都是第一次见到这种奇怪的现象。

"是不是鳕鱼群反射出来的回音信号?"船上的几名技术人员猜测。"探索仪发出的声波碰到海底会反射折回,碰到海洋里的生物群时,也会反射回来。"

有关人员开始对声波在水中的传播进行研究,终于设计出各种水下探索仪。在茫茫大海中,有了水下探索仪,渔船就能准确地发现和跟踪鱼群,有的放矢地进行捕鱼。

22 北斗七星和指南针

指南针是我国古代四大发明之一,它是通过磁盘上的磁针转动来指明方向的。

两千多年前,古人无意中发现一种天然的铁矿石,这种铁矿石具有磁性。人们将铁矿石磨成石棒,在中间绑上细绳,提起来,石棒在旋转之后会把一头指向南面,另一头指向北面。

这一有趣的现象引起了人们的注意。后来,古人们发现,北斗星形状就如一把勺子,勺柄指示的是偏北方向。

古人们受到启发,便把磁石制造成底部圆润的勺形,放在一个光滑的铜盘上。只要轻轻转动勺柄,勺柄停下来所指的方向就是南方了。这就是最早的指南针,名叫"司南"。

23 空中的云进行的人工降雨

用人为的手段促使云层降水,这就是人工降雨。人工降雨主要有两种方法,空中作业和地面作业:空中作业是用飞机云中播撒催化剂,而地面作业就是利用高炮、火箭等设备,从地面发射催化剂,从而达到人工降雨的目的。这两种人工降雨方法都是美国纽约通用电气公司的技术人员发明的。

第一种人工降雨的方法是美国通用电气公司的研究员谢弗发明的。谢弗知道,空中的云是由地表的水蒸发而来的,当云中有灰尘作为内核,一旦遇上冷空气,就会变成雨滴,降落在地上。这是一个循环往复的过程,在其中,云彩有很重要的作用,要想人工控制降雨,就必须重视云的内核。

于是,谢弗就开始了实验,模仿自然降雨的条件,尝试各种各样的内核。不论是粉尘、泥土还是盐,统统都失败了。可他越挫越勇,加倍努力进行实验。

一天,谢弗在做实验的时候,一位朋友来吃饭,打断了他的实验。饭后,回到实验室,谢佛担心制冰器温度不够低,就往里面放了些干冰。等他打开制冷器盖子,准备把干冰投进去的时候,不小心打了一个哈欠,霎时间,他看到了令他大为惊讶的现象:在制冷器的少量光线中,出现了一片片极小的闪光的碎片——这微小的冰晶正是雨滴的雏形。到了1946年11月,谢弗终于发明了被称为干冰降雨的人工降雨法。可后来人们发现,干冰降雨虽然好,但不易操作,同时安全系数也不高。

通用公司的科学家伯纳德·冯尼古特是个有志探索未知事物的青年,他试图改进人工降雨的方法。在查阅大量资料之后,万内格选中了碘化银粉末作为降雨的内核。他一次一次地实验着,可都失败了。后来一位科学家建议他使用纯度更高的碘化银。他采纳了这条建议，把碘化银磨成很小的碎片，用地面设备，将像烟雾一样的碘化银碎片发射到大气层中，片刻之后，天空出现了晶莹的雪片和雨滴，他成功了！

他们发明的人工降雨法为饱受干旱困扰的人们带来了福音。他们孜孜不倦、锲而不舍的精神更是被人们所赞诵。

24 大水之下的"造纸术"

"仓颉字，雷公瓦，沣出纸，水漂帘。"在西安以南二十多公里的地方，在沣河和沣惠渠之间，有个一叫北张村的村庄。一千多年来，这里的纸匠们用村南随处可见的楮树和桑树，使用原始简单的工具，按照古人发明的造纸技术，完成一系列的造纸工艺，制造了纯天然的人工纸——楮皮纸。

北张村的楮皮纸是这样制造出来的，那么，其他的纸呢？中国的造纸术是怎样发明的呢？下面就让我们一起来看看。

提到造纸术，就不得不说起长安附近的那一场突如其来的大暴雨。有一天，长安附近突然下起大暴雨，在雨水的冲刷下，山上一些富含纤维的树木和麻类被带到了河水里，在大自然的神奇作用下，变成了稀薄的原始纸浆。这些纸浆在被河水冲刷到岸边，挂在废弃的树枝上。

一开始，人们还在抱怨大雨实在是太突然了，把一些庄稼都淹没了，可是等到阳光普照之后，人们走到屋外，惊讶地看到，岸边的树枝上挂满了稀薄的东西，经过太阳曝晒，白花花的，薄薄的。好奇的人们把它们揭下来，发现在上面写字，不但字迹清楚，而且携带方便。聪明的古人受到这一自然现象的启迪，经过了反复的探索和琢磨，在无数次失败之后，终于成功运用大自然的规律，生产出了纸张。

25 饼干的来历

　　饼干这种压缩食品,对于大家来讲都不陌生。韧性饼干,酥性饼干,曲奇饼干等种类让喜欢饼干的人们大饱口福。但是,当你咀嚼着可口的饼干的时候,你有想过饼干是怎么被发明出来的吗?

　　"祸兮,福之所倚;福兮,祸之所伏。"饼干的诞生,"得益"于一次海难。

　　一百多年前的某一天,英国的比斯开海湾的海面风平浪静,一艘帆船悠然自得地航驶在海面上,突然,一阵狂风的驾临,迫使船长下令让这艘帆船靠海岸行驶。祸不单行,偏偏在这个时候,又触碰到了海底的暗礁,整船的人的性命悬于一线。机智的船长立刻叫船员们放小舟,拼命划向岸边,在风雨中搏斗了很久,船员们得以逃生。可是,大家上了岸才发现,这竟是一座荒岛。

　　"在荒无人烟的岛上,难道大家刚刚死里逃生,却要饿死在这里吗?"惊魂未定的船长马上被这个现实的问题困住了。

　　"船长,如果我们赌一把或许会有一线生机。"一位船员指向远处的帆船。大家看着他,有些茫然,他接着说道:"我们的船触礁了,但是我们的食物还在啊,我们划小船回去把食物拿回来,在这里等待救援也不至于饿死。"

　　大家考虑了一下,没有比这个更好的办法了,于是在风浪小了之后,划着小船去了海上。到了大船里,几乎又让所有人失望了:食物被海水冲的一塌糊涂,面粉、奶油、砂糖一些食物,全部被海水冲散,散在海水里,根本无法分清。

　　看到大家从希望的喜悦到失望的沮丧,船长说"我们先把这些装几袋子回去,至少可以充饥,这个要好过草根树皮吧!或许很快就会有船只经过,我们会没事的。"

大家相视一下，觉得船长说的有道理，便一起装像糨糊一样的东西回荒岛上去，吃着烤熟的面，等待救援。

　　等待总是漫长的，时间就像沙漏里的沙子，认真地细细地不肯快走一步。

　　一天，一位船员发现他们"抢救"回来的面粉在阳光的照射下，竟然发酵了。这个消息让所有人着实地开心了一番。这样，大家就可以吃上发面了。

　　船员们把剩下的发面揉好，做成一个一个馒头状的或者小小的饼状放在火上烤。香气扑鼻时，甚至大家忘记了是身在荒岛上，忘记了海难带来的痛苦。

　　喜悦的心情往往也会带来幸运的事情，不久就有船只经过荒岛，将船员们救上了岸。此后，很多人都知道了这个故事，救了各位船员的烤熟的发酵的面也被人们进一步制作，也就是现在的饼干。

　　如今，饼干的样式以及口味都是日新月异、多种多样的，以经成为人们休闲娱乐的食品。但是我们要记住，饼干的发明救了一船人的性命，让他们绝处逢生，更重拾了生的希望！

26 "拔苗助长"的化肥

一提到化肥,大家都会想到它的神奇的作用——科学地"拔苗助长"。其实早在几千年前我们的祖先们就知道,在庄稼地里施肥会让庄稼长势喜人,果实丰硕。那时候人们一直用的是我们俗称的农家肥,包括动物粪肥、草木灰等。虽然人们一直享受着这一神奇的事物给大家带来的利益,但是,却没有人真正地知道这是为什么。直到有一位著名的化学家揭开了它的面纱。

李比克,德国著名化学家兼济森大学教授,1804年的一个被旁人认为是疯了的行为,验证了他自己的猜想,更造福了人类。

1804年,李比克买下了德国北部一片被誉为"寸草不生"的沙漠荒地,开始了他的震惊世界的成果的第一步。之后,他又从远处原来一种叫作"石盐"的东西,将其洒在沙漠上,开始种植庄稼。

"这个大学教授是不是脑袋坏掉了?在这种庄稼?""是在实验室里做实验折腾不开了吧?""做实验的时候弄坏了大脑吧?"在大家一片质疑声中,教授坚持着自己的"事业"。

春去秋来,一年过去了,沙漠中神奇般生长的庄稼,狠狠地给了当时看热闹的人一记耳光,当他们又抱着讽刺的心态来到教授买下的那片田地的时候,被眼前绿油油的庄稼,长势茂盛的植物吓到了,所有人心中都产生了同一个大大的问号。

李比克教授是怎么做到让沙漠中生长庄稼的呢?

"其实,这要归功于'石盐'了。"教授说"这种石盐中富含植物生长所需的养分——钾。原来这片沙地是大家眼中的不毛之地,但是,当撒上了石盐之后,这片地就有了植物生存所需的养分,就给了植物生存的空间。其实,我们大家之前用的传统肥料也是如此。只要庄稼所生长的地方有丰富的碳、氮、磷、硅、

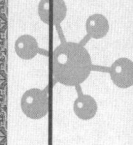

钾等元素，都可以让庄稼茂盛生长果实丰硕。"李比克教授的研究也向我们解释了几千年来大家一直在做却不知道为什么的事情——施农家肥可以让庄稼长得更好是由于肥料中含有钾、磷等元素。

　　李比克教授的研究成果及成功的实践，不仅让当地的居民受益，也造福了世界各地的农民，为植物的生长做出了重大的贡献。尤其是对缺少肥料的欧洲农民来说，这无疑是从天而降的幸运。

　　此后，1842年，英国化学家劳斯和基尔马特成功地用腐烂动植物制造出了氮肥，接着德国的化学家弗里茨·哈柏研究的博许制造法的生产氮肥的方法，都为肥料的生产和使用做出了不可的贡献，有些肥料至今仍在使用，造福人们。

　　有了更多科学家的研究和成果，让世界的粮食产量有了保证，更让农民在种植庄稼上有了更多的方法和收获。而那个研究肥料的先驱——李比克教授，给了我们后人前进的方向，他的贡献是不可磨灭和代替的！

27 聪明的阿基米德

阿基米德出生在公元前287年地中海西西里岛上的一个繁华城市——叙拉古。他是古希腊著名的哲学家、数学家、物理学家，被誉为"力学之父"。

著名的浮力定律的发现，还有这样的一个故事：

叙拉古的国王想铸造一个纯金的王冠，便找到了全国最好的工匠。王冠终于铸好了，当工匠将它交给国王时，国王喜出望外。但是，国王马上就又想："工匠会不会掺假呢？这个王冠的金子会是足量的吗？"于是国王用秤称量了王冠，重量却又恰好和给工匠的金子重量相等。但是多疑的国王不相信会这么巧，便让大臣找来阿基米德来解决这个问题。命令他在一定的时间内必须要拿出依据来证明这个王冠是否有掺其他的金属，但是前提是不可以损坏王冠。

这个难题让学识渊博的阿基米德也着实犯了难，时间一步步地逼近，国王的命令接踵而来，而阿基米德对于解决这个问题却还是一筹莫展。面对来传达命令的信使，阿基米德只能说："我会尽快找到解决方法的，请国王再给我几天的时间。"

信使走后，阿基米德在屋里转了几圈，头脑里一直在想：如何不损坏王冠却能检查出里面是否掺了其他的金属呢？几天来的连续思考以及国王命令的下达所带来的压力，让他身心疲惫，焦躁不安，越想越没有头绪。"索性先把问题放下，洗个澡轻松一下说不定会好一些？"阿基米德这样想着，便来到了浴室，想享受一下放松的感觉。这时，他机敏地发现了一个问题：当他进入澡盆中时，澡盆里的水在不停地往外溢出，直到他彻底坐到了盆底，水才停止溢出。当他起身站起来了，盆里的水又低于盆口。阿基米德似乎得到了启示，又这样来来回回地坐下又站起，很快，便从这种启示中想到了解决王冠难题的方法，让阿基米德有一种绝处逢生的喜悦。

阿基米德马上穿好衣服，来到王宫，并信心满满的向国王说："陛下，我已经找到了解决王冠问题的方法了。只要您拿出与王冠重量相等的金子和银子，几个盛水的容器，我就能知道这个王冠里是否掺假。"

国王听了阿基米德的话，马上叫人找来同样质量的金子和银子，在场所有人都露出了关注的神色，拭目以待。

面对国王与众大臣，阿基米德没有惊慌也没有惧怕，他不慌不忙的将金子、银子和王冠分别放入盛水的容器中，并记录好被溢出的水量。很快，他说："尊敬的国王，结果已经出来了，这个王冠里面掺假了。"

在场的人有的怀疑，有的惊叹，都在等阿基米德的进一步解说。

阿基米德接着说："大家请看这几个容器的水，放王冠的容器所溢出的水量并不等于金子所溢出的水量，而是在金子和银子两个容器所以出的水量之间。"在场的所有人都惊叹不已，赞叹阿基米德的聪明才智。接着，他又通过数学方法算出了王冠中所掺银子的重量。

结果已经明确了，国王命人带来了铸造王冠的工匠，面对这样的事实，他也不得不承认自己用银子替换了一些金子出来。

阿基米德的这次发现不仅帮助国王惩罚了欺骗国王的骗子工匠，更大的贡献是他总结出了著名的浮力定律，即我们耳熟能详的阿基米德定律。

28 神奇的手电筒

手电筒曾是最常见的"家用电器"。而手电筒的产生，就如同人类的进化一样，经历了一个漫长的过程。

这种方便照明的日常小工具的来历可不简单，大约要追溯到我们人类社会发展的初期——原始社会。当然，那个时候并没有手电筒，但是却有一种和手电筒功能相仿的移动照明工具，它便是柴火，也就是我们常说的钻木取火。万事开头难，当那时候的人们有了钻木取火的"技术"，便对火和照明产生了依赖。而正是这种依赖，促使人们在后来的日子里又相继的发明了油灯、蜡烛以及手电筒等移动照明工具。

每一次的发明与改革都推动着社会的进步，从火把、油灯到蜡烛、灯泡再到现在各式各样的手电筒，每一次技术的革新虽然不是惊天动地，但是却给人们的生活带来了翻天覆地的变化，为世界的文明进程拉近了脚步。

一根火苗可以照亮一片天地。最初的油灯做到了这一点。一根小小的灯芯，一些动物油（后来被植物油或煤油代替），一盏油灯就诞生了！有需要就会有市场，就像人们发明了油灯后，发现有风的时候灯就会被吹灭，于是有人就想到了用纸糊在外面做一个保护层。后来又有了玻璃罩的油灯，一次一次的进步与完善，逐渐就有了移动照明的初步模型了。

蜡烛的"鼻祖"是在公元前3世纪的时候出现的。那时候人们用蜂蜡做成一根根的蜡烛，更加方便当时的生产生活。18世纪石蜡的发现成为"蜡烛史"的一个革新。用石蜡做的蜡烛优点甚多，在当时大批生产，深受人们喜欢。与石蜡蜡烛一同进步的还有英国人发明的煤气灯。煤气灯的出现亦使移动照明的方法向前迈了一大步。

第二次工业革命不仅解放了生产力，更有大批有利于人们生产生活的发明诞生，也让人们的移动照明工具有了革命性的变化。爱迪生发明的灯泡与法拉第发明的电池"不谋而合"，二者组合在一起，便有了真正意义上的手电筒。经过了时间的洗礼，原本性能不是十分稳定的手电

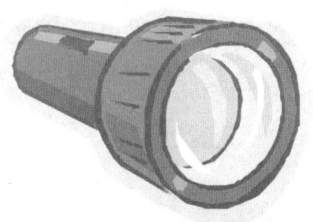

筒在几代人的努力研究下，终于随着碱性电池的问世，其性能也走向了成熟，让更多的人受益。

一个小小的手电筒经历了漫长的发展历程，终于到了如今市场上的琳琅满目，人们的生活中也越来越离不开它的陪伴了。

29 扫雷潜艇

如今，越来越多的人开始对海底世界深感兴趣：发人深省的海洋研究，神奇美妙的海底探险。如果想要与海洋有一个亲密的接触，那么，必然会需要借助一个重要的潜入工具——潜水艇。乘坐潜水艇可以到达很深的海底，让人们近距离接触未知的海洋世界。

普通的潜艇大家都见过，但是靠尾鳍摆动以"S"形"游水"的潜艇，您听说过吗？

受到了仿生学启发的英国科学家正在潜心研究发明这种有着"特异功能"的潜艇。所谓的"特异功能"，和它的名字有一定的关系。这种在发明中的潜艇不仅具有一般潜艇的功能，最重要的是它可以充当海底扫雷"士兵"。此潜艇专门用来对付那些遇到轻微的声响或者干扰便会爆炸的水雷。成为名副其实的"扫雷高手"。

现在您一定对它的创新之处产生了兴趣。扫雷潜艇使用了被称为"象鼻致动器"的装置，此装置由一种既薄又软的材料构成，柔软性极好，并且可以模仿肌肉的结构组织进行推动鳍的运动。这就是让它在水里可以做到"S"形前进路线的关键部分。

让我们翘首以盼这种新式潜水艇的诞生。

30　无线电和月光

赚取无数人眼泪的电影《泰坦尼克号》中有这样一幕：当船只遇难时发出了遇难信号，期待附近能有船只过来救援。那个信号，便是无线电波。

无线电产生之后，极大地改变了人们的生活，尤其是在信息传递方面，占据了无可替代的地位。那么，无线电是怎么被发现和使用的呢？

其实，无线电和月光有相似之处，都是不需要特定的载体传播的。这些发现以及无线电的发明是由意大利发明家古列尔莫·马可尼完成的。马可尼从小就有一个理想：即使不用电线的连接，与人也能互通信息。聪明勤奋的马可尼一直为心中的这个理想努力奋斗着，从未放弃。

在燥热的夏天，即使是午夜也很难安然入睡，马可尼也是一样。既然睡不着，就由回想起白天做的那个实验。"心动不如行动"，他马上起床，去了家里的花园，并在花园的两个墙角各竖起一根吊着金属板的天线，其中一个的一端连着发报机。如此简单的装置让他接收到了百米以外的信号。

这时候的马可尼并没有喜出望外，而是在思考一个问题：月光和电波都是波，为什么月光可以从距离我们如此远的月球射到地球表面，而无线电波却只能接收到近距离的信号呢？怎么样才能接收到更远的无线电信号呢？

带着不解，马可尼望着天边的月亮陷入了沉思。

终于，他受到了月亮的高度的启发，立即找来了一些可以让天线加高的东西，将天线摆在上面。天线的高度在上升，接收到无线电波的距离也在增加。

他巧妙地将月光的原理与无线电相结合，做出了一番成绩。

但是却没有被意大利当局政府重视。"怀才不遇"的马可尼来到了英国，并申报了此项研究成果的专利权，且取得了整套发明的专利权。与此同时，马可尼更加潜心研究，不久便用一根仅有50米的天线将电波成功地送到了有450千米距离远的英吉利海峡的对面。

面对已取得的成绩马可尼没有沾沾自喜，而是将目标放的更远：要通过自己的努力，让信号跨越大西洋！

怀揣着一个理想，便为这个目标不停地努力着。终于在1901年，在助手的协助下，马可尼来到大西洋彼岸的国家，成功地接收到了远在英国的助手那里的无线电波。亲手完成了自己为之奋斗一生的目标，马可尼激动地喊：我终于做到了！我终于做到了！

这个历史性的时刻不仅幸福了马可尼，也让震惊了全世界。

在一段前人从未走过的路上行走，不仅要自己开辟道路，还要面对路上的荆棘与坎坷，路人的冷嘲和不解。但是，只要坚持，就会走出一条属于自己的阳光大道！

31 万有引力常数测定法

曹冲称象的故事我们都耳熟能详，大象很大，曹冲却也能用巧妙的方法称量出了它的重量。那么，你有想过怎么样能称出地球的质量吗？卡文迪运用他发现总结的万有引力数值，成功地将地球的质量测算了出来。

卡文迪是英国著名的科学家，他用石英丝发生扭动来测定磁引力的大小的方法测出了万有引力常数。常人只会看到科学家成功的一瞬间，但是又有多少人知道他们为此付出的努力呢？正如卡文迪发现万有引力常数，就经历了不少坎坷。

开始的时候，卡文迪用一根既细又长的杆子，并在杆子的两端分别安装上一个小铅球，用石英丝将两个这样的装置吊起来，接着再用两个大小质量不同的铅球分别去接近小铅球，想用这个实验装置来测算万有引力常数。但是由于当时马文迪没有考虑到球与球之间引力过于弱小，肉眼无法观察出石英丝摆动的变化，这个实验以失败而告终。

一筹莫展的卡文迪十分失落，当他来到街上散步的时候，遇见一群正在玩耍的小孩子。他们每个人的手中都拿着一个小镜子，面对着太阳光，用镜子将光反射到另一个孩子的脸上，追逐打闹着。看到这一幕，卡文迪似乎被什么定在了原地。突然，灵感从脑海中闪现："镜子只要移动一个较小的距离却可以让远处的光点移动很大的距离"。想到这，他飞奔回家，迫不及待地将自己的想法付诸实验。

回到实验室后，他将实验装置改良了一下，在石英丝上安放了一块小小的镜子，然后用一束光去照射，镜子将光反射回来照在刻度尺上。这样一来，即使石英丝有细微的变化也可以一清二楚地看到了。

在卡文迪的不懈研究与测算下，终于揭开了万有引力常数的面纱。

第五章

人类自我的启发

  我们祖先给我们传承下来许多的发明和创造。

  这些发明和创造都是祖先智慧的象征,他们在生活和劳动中累积了众多的丰富经验,受这些经验的启迪,他们创造除了各式各样的新事物。

  小朋友们,你们在自己和同学身上,或者其他人身上也受到过什么启发吗?试着发挥你的想象力,也做一些小发明,小创造吧。

自行车是马车的一半

　　自行车,作为最常用的代步工具深受人们喜爱。近年来,随着社会的发展,越来越多的私家车出现,自行车也逐渐淡出人们的视线。看似简单无奇的自行车,其诞生却也经历了一个漫长而复杂的过程。在这个过程中凝结了无数人智慧的结晶,自行车的每一个零部件都有不同人的汗水与智慧。

　　你怎么也不会想到,自行车的发明灵感来源于马车。

　　1790年的一个雨后,西夫拉克走在法国巴黎的大街上,享受雨后初晴的美丽心情。当他走到一个水洼处时,恰巧一辆马车飞驰而过。不可避免的,水洼里又脏又臭的水溅到西夫拉克的身上。路人都为西夫拉克打抱不平,训斥那辆鲁莽的马车。西夫拉克却没有生气,也没有怪那辆马车,只是面露一些思考的神色。不久,他便回到了家中。

　　西夫拉克一边换下被溅到脏水的衣服一边想:"如果将马车的体积缩小可不可以呢?将原有的马车进行改造,变成两个轮子的车。这样既节省空间又会避免刮伤路人。"

　　想法是发明创造最好的老师。西夫拉克脑海里大概有了改装

后马车的样子，便将想法画成图纸，做成实物。终于在 1791 年，第一辆"木马轮"小车与世人见面了。虽然它是木制的，自身存在着没有驱动装置和转向装置，需要靠双脚用力蹬地才能行动，转弯的时候需要自己下车去移动等缺点，但这些缺点却都无法否定它是现代的自行车的原型的事实。

有了领路人的指引，更多的人开始对"木马轮"进行加工和改造。德国人杜拉伊斯在 1816 年发明了带有转向装置的木马轮。这个转向装置就是我们现在自行车车把的原形。有了它，解决了人们在骑行过程中遇到的转弯等困难。

无论是西夫拉克发明的木马轮还是杜拉伊斯改造后的木马轮，都缺少驱动装置，这一直是一个很大的缺憾。直到 1840 年，英国人麦克米伦在前人的成果上，添加了后轮的曲柄。并且让车的前后两个轮子有了大小之分，又将车轮制作成铁的。然后他把前面的脚蹬与后面的曲柄用连杆连接。改造后的小车，只要蹬脚蹬就可以动了。

不满足于现状才会有进步。在麦克米伦改造后的小车的基础上，法国的米肖父子又想办法为小车的前轮上安装了脚蹬版，方便脚用力。为了骑车的时候可以舒适一点，他们又在前轮的上方放置了一个座椅。这是一个突破性的进展。

直到 1874 年的，英国人罗松为自行车安装了车链子，约翰用橡胶制作轮胎，邓洛普研究如何为轮胎充气。1888 年，第一辆真正意义上的自行车在约翰的手中诞生了！

这时候，自行车才算真正地产生，也真正地具备了自行车的特征与性能。

看似平凡简单的物品的发明也会经历无数风雨，在几代人的手中成熟，我们应该珍惜每一项不平凡的创造，它们在悄悄地改变着世界！

2 电风扇与挂钟

如果说电风扇的发明灵感来源于挂钟，可能你会不屑一顾地说："怎么可能？八竿子打不着的两种事物怎么会有联系呢？"其实，挂钟早在风扇出现之前就已经被人们所用，也正是挂钟提供给人们灵感，将一些原理应用在新的设计上，完成了风扇的发明。

在1830年以前，每当人们酷暑难耐的时候，就只有用自制的扇子扇风解暑，但是这样消散了一些热量的同时，又会产生新的热量，并且长时间摇扇子胳膊就会又酸又疼，得不偿失。美国人詹姆斯·拜伦在一次维修自家的挂钟时，受到了挂钟内部发条的工作原理的启示，发明了一种利用发条带动的机械风扇。但是这种风扇必须固定在天花板上，每次上发条都要爬到屋顶。虽然风扇给人们带来了凉爽的感觉，但是却很费力气。

为了让人们可以舒服地享受风扇给人们带来的凉爽，法国人约瑟夫研制出一种以发条涡轮为动力，用齿轮链条装置带动风扇转动的机械风扇。这种风扇在原理上与拜伦的发明大同小异，但是却较后者精细方便，将风扇发展推上一个新的台阶。

世界上第一台风扇于1880年在美国问世。舒乐做了一个大胆的尝试：把叶片直接装在电动机上，然后接通电源，借用电力带动叶片飞速转动从而产生风力使人有凉爽之感。舒乐的成功，让我们实现了舒适的享受风扇带来的凉爽的愿望！

风扇一步一步地走向成熟，在我们享受清凉的同时不能忘记风扇地不是由于燥热应运而生的，而是受到了挂钟的启示。

3 "剩汤"之中的味精

味精是所有美味佳肴不可或缺的调味品，小小的味精对于菜肴有着神奇的作用。这种厨房中必备的物品是怎么被发明出来的呢？

味精的起源，要从 1908 的一个夏天说起。日本有名的化学家池田菊苗是一个"实验狂"，常常因为一个实验而把自己弄得精疲力竭。有一天，他做完一项实验回家，已是疲惫不堪。但是看到妻子做好的饭菜和汤，又提起了食欲。

池田菊苗端起碗开始享受这顿美味的午餐。可能是一上午没有进食的原因，他觉得这顿饭格外的香，尤其是那碗汤。不禁夸赞妻子"这汤真香、真鲜。"

妻子听了他的话，面露愧色地说："这只是一些黄瓜和海带烧的汤，今天去市场有点晚，没有买到新鲜的蔬菜。"

"这个很好喝。我非常喜欢。"说着，又若有所思地喝了一大碗。

"海带和黄瓜在一起煮居然都可以这么鲜香，会不会是海带的'功劳'呢？"池田菊苗凭借直觉与多年的工作经验，开始着手这个被他叫作"鲜香秘密"的研究。

他取来一些海带，开始进行细致的化学分析。经过了半年的研究，他终于解开了"鲜香秘密"。原来，海带中含有一种叫作"谷氨酸钠"的物质，正是这种物质释放的"能量"，让汤变得鲜美可口。

在这个发现的基础上，池田菊苗进行了进一步的研究，并发明了味精。让更多的人可以吃上味美色香的饭菜。

一项伟大发明的灵感往往来源于生活中的日常小事，只要我们留心生活、用心感知，也会在生活中获取不少的启发，甚至会改变现有的生活！

电炉取代油炉

美国有名的记者休斯是一个正直敢言的人，他写过许多披露社会丑恶的文章，惹恼了报社的投资商。面对投资商的施压，他不肯妥协，毫不犹豫地选择了离开。这样，一个毕业于新闻系的才子退出了新闻界。这或许是他发明电炉的一个重要前提。

1900年的一个旭日东升的早晨，休斯去新婚的朋友家做客。到了午饭时间，朋友的妻子做了一桌丰盛的菜肴，让人垂涎欲滴。

开始品尝饭菜的时候，休斯觉得菜吃到嘴里的时候，有一股怪怪的味道，像是煤油味儿，不由得吐了出来。朋友及妻子见状，马上也尝了几口，脸上写满了歉意。朋友的妻子连忙解释道："真是不好意思，可能是刚刚炒菜时我弄煤油炉不小心把煤油弄进锅里了，我再去重新做几道菜吧！"说着便去了厨房。朋友听了是煤油炉的问题，也不由得抱怨起这个炉子了。

"这个炉子真是成事不足败事有余啊！三天两头的坏掉，这回又这样，唉……如果能有一台不用煤油的炉子就省事多了。"

午饭后，休斯拜别了朋友，便急忙赶回家。因为刚刚在朋友家中的事情，让他有一个想法——发明一台电炉子，于是马不停蹄地回到家，开始查资料着手研究。

就像没有一帆风顺的航行一样，休斯的发明也经历了无数的失败，但在每次失败之后，他都用心积累经验，期待下一次的成功。

几年的光景转眼即逝，被失败洗礼过无数次的休斯终于在一间小小的实验室中完成了人生中一项伟大的发明——第一台电炉诞生了，煤油炉的窘迫时代结束了！

电炉的成功发明使用不仅是家庭厨具的革命，对于休斯个人来讲，更具有划时代的意义。从此，他又相继发明了电锅、电壶等家用电器，并成立了一家公司，专营这些家用电器。

"是那顿并不如意的午餐成就了我一生的事业。"回忆往事时，休斯带着微笑讲。

5 炼丹而发明出来的火药

在我国辉煌灿烂的古代文明中,"四大发明"一直大放异彩,它们凝聚了我国古代劳动人民的的勤劳智慧,是历史文明的结晶。

身为四大发明之一的火药的发明源于一场炼丹的意外。

岁月催人老,老的不止是容颜,还有心智。曾经驰骋战场英明神武的汉武帝到了晚年便一心想要寻找长生之术,不惜为此劳师动众,经常将众大臣召集到一起研究如何才能长生不老。

有一次他将大臣们召集到大殿上,甚至将有能力的御医都请了来,一同为此事出谋划策。

经过了一番的讨论,一个名为李少君的大臣想到了办法。

"启奏陛下,臣有一个方法,不知可行不可行。"李少君说。

"说来听听。"

"我们可以找一些得道高人来为您炼丹,仙丹有长生不老的功效。"

听了李少君的话,汉武帝豁然开朗,觉得是一个可行之策。便立刻下令。

"从明天起,召集所有能人义士,来到长安为寡人炼制丹药。

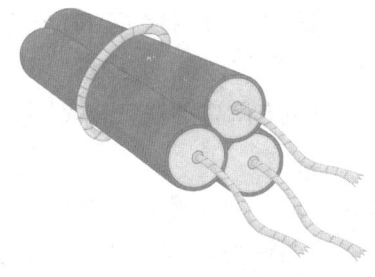

李少君负责监管此事。"

从此以后，炼丹术继秦朝之后又开始盛行。

其实所谓的长生不老丹药的原料是硫黄、硝石、木炭和水银。科学技术发达的今天，我们清楚地知道这是毫无理论根据的。但是，在秦皇汉武时期，炼丹之术却成为皇帝长生不老的唯一寄托。炼丹的道士们都是顶着生命危险守候在炼丹炉跟前的，稍有不慎，就会引起丹炉爆炸。

为皇帝炼丹是喜忧参半的事情，任何人都不敢掉以轻心。炼丹炉边上的道士已经两天没有合眼了，可能是太累了，他竟然倚在丹炉旁边睡着了。炼丹房环境太差，再加上近日来的压力，让他做了一个噩梦。突然惊醒时，丹炉意外的爆炸，火花四溅。他被吓得三魂丢了七魄，大声喊道："快来人啊，发生火药灾难了！"

道士没有因此丢掉性命是不幸中的万幸，虽然炼丹炉里的丹药毁了，但是由于一些将军、军事家听说了此事，并加以研究，让原本荒唐的炼丹之火，变成了可以御敌的火药。

火药参与到军事战争中，丰富了战争的武器，加大了国家防御力，成为当时国防最有力的左膀右臂。

6 冷水浇出来的裂纹青瓷

陶瓷在中国有着悠久的历史，国人烧制陶瓷的技术也是让他国望尘莫及的。中国的陶瓷在封建王朝时候就已远赴盛名，被许多外国人追捧，深受大家的喜欢。"中国"的英文译为"China"，而这个单词在英文里也有陶瓷的意思。这充分地体现了陶瓷的地位和重要性。

然而，陶瓷其实是一个合成词。"陶""瓷"在意义上是两种完全不同的物品。"陶"是指吸水的、不透明的物品，而"瓷"则是吸水的、半透明的器物。两者重要的区别还在于，瓷在敲击

的时候会有清脆的金属般的响声。

我国的陶器文明开始于商代，到了宋朝，成为陶瓷发展的鼎盛时期。景德镇因烧制陶瓷而远近闻名，被誉为"瓷都"。在当时众多的陶瓷产品中，最受欢迎的要数青瓷。"千金难求一青瓷"，收藏青瓷成为每一位收藏家梦寐以求的事情。

具有如此高的欣赏价值和收藏价值的青瓷是怎么烧制而成的呢？

让我们乘坐时光的飞船，去到很久以前的浙江清泉，寻找一对烧制陶瓷的高手兄弟。

这对兄弟师出同门，学成手艺之后，便都"自立门户"，分别开了自己的烧制青瓷的窑。哥哥的叫"哥窑"，弟弟的则叫"弟窑"。兄弟二人开始了"艰苦创业"。

由于哥哥的手艺精湛，弟弟的技术略逊一筹，所以"哥窑"的生意红火，而"弟窑"却是"门前冷落鞍马稀"。弟弟向哥哥讨要方法，想改进自己技术，但是，被哥哥拒绝了。时间一久，弟弟心中的不服气渐渐演化成了怨恨。

"你不仁就休怪我不义！"弟弟被怨恨冲昏了头脑。"我分文不进，你也别想挣钱。"这样想着，弟弟便在深夜一个人担着一担冷水来到了哥窑，准备破坏哥哥今天烧制的陶瓷。

因为烧制陶瓷的温度需要高达1000℃，如果哥哥烧制的陶瓷直接遇见冷水，所有的瓷器都会毁掉。

看到哥哥从哥窑走出，弟弟小心翼翼地来到窑中，将担来的冷水一股脑全泼在哥哥刚烧制的瓷器上，马上就离开了，心想："等着明天早上看好戏了。"

第二天早晨，哥哥来到窑中，着实被眼前的一幕惊呆了：昨晚烧制的陶瓷全部有了裂痕，就像结冰的河水被硬物敲碎了一样。

"这可怎么办？都碎了！"带着担心，哥哥走到瓷器前，轻轻地推了一下，以为瓷器会散落一地碎片。可是意外的是瓷器竟然毫发无损。哥哥赶紧抓起瓷器，发现只是有一些纹路，瓷器本身并没有被破坏。

"真是天无绝人之路，这批瓷器还有救。这样或许也可以卖出去。可能有人会喜欢有纹路的陶瓷呢！"

哥哥只能把死马当成活马医了，中午将全部瓷器展出。令他意外的是这样的瓷器更受大家欢迎，很快，这批瓷器便所剩无几了。哥哥很高兴，便想探究这些纹路的"来历"。

哥哥终于知道是弟弟做的手脚。弟弟向哥哥承认了错误，哥哥非但没有怪他，反而教弟弟如何烧制更好的瓷器。因为这件事，兄弟二人的感情也重归于好了。

从此，裂纹青瓷凭借着上好的质量和特有的纹路而闻名祖国的大江南北，畅销海内外。

7 能够飞上天的"船"

如果说每一样发明都有自己的前身,那么我想,航天飞行器的前身可以说就是飞船了。人们受到了飞船结构的启发,才能创新出各种航天器材。

早在1910年,法国发明家费勃就研制出了可以飞的船。

费勃是一个既聪明又勤于动手的人。从小受他的造船师爸爸的影响,对船非常感兴趣。在一次与爸爸共同乘船游玩的时候,他问爸爸:"船为什么能够在水中自由地行走呀?"

每个小孩子的脑袋里都装了十万个为什么,爸爸面对儿子的发问笑着说:"因为船也有脚呀!船的脚就是下面的螺旋桨,它的滑动就带动了船身的移动。"爸爸是希望费勃可以子承父业的,所以很细致地为他讲解原理。

"那为什么天上没有船呢?"

摸着儿子的小脑袋,父亲慈祥说:"乖儿子,在天上飞的那是飞机呀!飞机和船各司其职,一个在天上,一个在水里,分工合作。"

"爸爸,等我长大了,我要发明一艘可以在天上行驶的船。"小费勃望着天空飞过的飞机说。

"好,爸爸相信你。好好学习,将来制造一艘飞船给爸爸。"

可能费勃的父亲当时只把费勃要造飞船的话,当作小孩子的异想天开,并没有理会。但是,发明可以飞在空中的船,这颗理想的种子在小时候就种在了费勃的心里。

长大后,这个理想终于"开枝散叶",费勃在大学攻读了工程学、流体力学、空气动力学等相关的课程,有了一定的知识基础。经过了4年的潜心研究,终于从实验室中抬出了他亲自创造的可以飞的船。

费勃选在一个阳光明媚的上午让飞船进行试飞。

那一天，海上风平浪静，沿岸站满了前来观看的人们。海面上一艘特别的船吸引了所有人的眼球。这艘下身长着浮筒的船，在人们的注视中，以迅雷不及掩耳之势，冲出了海面，飞向了天空。

他成功了！飞船第一次分试飞虽然只飞行了500多米，但是，这足以让费勃兴奋不已。

之后的几年里，费勃继续苦心钻研，立志发明出更好的飞船。在不断的实验和查阅资料之后，他终于根据飞机的飞行原理研制出了让自己满意的飞船。

费勃设计的飞船机身前面放置一个浮筒，机翼下面再放置两个；而打破常规的是，他将机翼安装在机身的后面。为了增添飞船的灵巧性，费勃用木头制作了"船"的框架，橡胶板制作浮筒。不久便在一片空地上试飞成功。

费勃理想种子终于开出了美丽的花朵，结出了香气扑鼻的果实。

在第二年的摩纳哥船舶展览会上，费勃成功地驾驭自己的飞船完成了一次享誉世界的水上表演。之后又有科学家对费勃的飞船进行了进一步的改进，去掉了浮筒，使他成为名副其实的飞船。

有时候儿时的一个理想的种子被多年的辛勤所灌溉，终究会硕果累累，只要为之付出努力，再加上"不达目的不罢休"的决心，梦想迟早会成为现实的！

8 青蛙被"电池"电死了

时势造英雄，一点都没有错。在工业革命爆发之后，原有的生产力与生产关系不成比例，一些能够提高生产力的发明如雨后春笋般呈现在人们面前。越来越多的人重视实验重视发明，希望能通过自己的双手来改变世界。

随着人们对科学的认知，对电的探究显得愈来愈重要。知名的大学物理学教授盖尔瓦尼曾经做了一个实验，他用两种不同的金属分别接触在青蛙的青筋和神经上，然后将两种金属连接，在连接之后青蛙就死掉了。这是怎么回事呢？这件事在物理学界激起了不小的涟漪。但很快就被大家认为是一种有趣的现象，没有人愿意去深究。

与他人不同的是在英国任巴维亚大学任教的物理学教授伏特，他觉得这不仅与青蛙的神经系统有关系，肯定也有电学的参与。这与他一直以来研究的电学有所联系，他决定以为为突破口，探寻电学的秘密。

伏特开始了自己的实验，他找来锌板和铜板，并将其中一块连接在金箔静电计的内杆上，另一块连着外匣。接着使锌板和铜板重合，并拿走与外匣相连。

这样一来，就可以用静电计测得带电的正负情况了。如果锌板与内杆相连，则为正电；如果是铜板与内杆相连，则为负电。结果是与伏特的预想的一致的。

趁热打铁，伏特又重复做了几百次的实验，终于找到了物质相互接受所产生电荷的性质。并对此进行了深层次的研究，进而研制出了电池。

科学高于生活，却也源于生活。留心生活中的信息，那可能是下一发明创造的开始！

9 女人的"红绿灯"

"红灯停，绿灯行，黄灯做准备。"这是众所周知的交通规则之一。信号灯出现在每一个繁忙的交通路口，帮助交通警察维持交通秩序，减少交通事故的发生。

交通线号灯使用之初，为什么选用的是红、黄、绿三种颜色而非其他呢？这要从19世纪的英国说起了。

英国中部的约克城有一个习俗，用穿着不同颜色的衣服来代表女性是否婚配。已婚女性穿着红色衣服，未婚女性则穿着绿色的衣服。

英国伦敦威斯敏斯会议大楼前有段时间经常发生马车轧死人事故，弄得大家人心惶惶，再没有几个人敢去那里了。

不过这个风俗却给了有心人以启发，可以用不同的颜色来表示不同的含义。

1868年12月10日，一支由道路信号工程师德·哈特设计并制作的高达7米的红绿信号灯在伦敦议会大厦的广场与世人见面。在信号灯的灯柱下，站着一名交通警察来控制红绿灯的颜色。后来为了方便，又在信号灯中间装上煤气灯罩，让红绿两种颜色可以交替出现。

好景不长，仅仅23天的时间，这个信号灯就因煤气灯爆炸而"夭折"了，同时夺走了一名执勤警察的性命。

这次的意外发人深省，信号灯随之被取缔。直到1914年美国克利夫兰市开始使用"电气信号灯"，经过一段时间的验证，此种信号灯被广泛使用在各国的交通路口。

随着交通工具的更新换代，对信号灯指挥的要求也提高了，于是出现了现在我们见到的三色交通灯。

现在的交通灯是智能控制的，能使道路保持畅通，确保出行不受阻碍，大大减少了交通事故的发生，更为出行的人们带上一层安全的保护伞。

10 快捷方便的方便面

方便面的"历史"可以追溯到西汉时期。在烽火连三月的年代，粮食尤为重要。"大军未动，粮草先行"，一切胜利的战争都向人们展示了行军打仗时，军粮的重要性。

西汉大将韩信，率领十万大军进攻河东西魏王魏豹的时候，遇到了粮食危机。为了解决和今后避免这样的问题再度发生，当时的人们发明了飥面。飥面的做法简单，将荞麦粉与麦粉搅拌在一起，放在锅里煮到七八分熟后取出，切成面条形状。这样的面条不仅携带方便，而且食用简单，只要用热水煮一下就可以。这可能是非油炸方便面最早的"存在形态"了。

我国清朝时，一位官员宴请宾客，厨师误将已经煮熟的面条放进了准备炸肉的油锅。时间紧迫，厨师只好硬着头皮将面从油中捞起，又加上一些汤做了一道汤面端上了饭桌。没想到却受到了客人们的一致好评。这道菜从此流传开来。

真正意义上的方便面是由日籍台湾人吴百福发明的。

吴百福喜欢吃面，每次都去同一家面馆吃面。可是后来他发现，这家店越来越火，喜欢吃这家面馆的面的人越来越多，有时候还没有开门营业，门口就已排起了长队。这让他看到了商机。

"每天现做现卖的面条太不方便了，人那么多，总是供不应求的。如果能做出一种可以存放，随时都可以吃到的面不就解决了这个问题吗？"想着每天因为想吃面条而苦苦排队的人们，吴百福开始研究他心中的方便购买的面条。在中外历史的一些借鉴中，终于发明了他独创的"鸡汤拉面"。

看到自己制作的面条这么受欢迎，吴百福当机立断成立了日清食品公司，将面进行加工并包装出售。方便面从此正式的进入人们的生活，成为休闲、充饥必不可少的食品。